Vorwort

Eine tolle Zeit der Verliebtheit, eine großartige und unvergessliche Hochzeit ... Und jetzt?

Jetzt steht ihr am Beginn einer neuen Etappe von Liebe und Gemeinschaft, in der ihr eure Wünsche und Ziele aktiv mit einem Ring geschmückt fortsetzen könnt. Und damit ihr das Glück eurer Verbindung auch im mitunter stressigen Alltag leicht fortsetzen könnt, biete ich euch viele Anregungen, um das Honeymoon-Flair sogar bis zum Seniorenalter weiter aufrecht zu erhalten.

Entdeckt aufregende Abenteuer und die ruhigen Momente der Zweisamkeit. Schwelgt in Erinnerungen und schafft euch neue Glücksmomente, von denen ihr noch euren Kindern und Kindeskindern erzählen könnt. Findet kreative Inspirationen und lernt unbekannte Seiten an eurem Lieblingsmenschen kennen, die bisher noch unentdeckt blieben. Freut euch miteinander und aufeinander mit meinen spannenden Bucket-List-Punkten, die das erste Jahr nach der Hochzeit noch schöner gestalten werden.

Schenkt euch gemeinsame Zeit und überrascht euch selbst mit den kleinen Dingen, die eure Liebe ausdrücken. Es muss nicht immer der große und teure Urlaub sein, sondern auch mal der ungewöhnliche Abend. Natürlich könnt ihr euch für das verrückte Erlebnis mit dem Adrenalinkick entscheiden oder doch das romantische Picknick ausprobieren. Alles kann möglich werden, nichts muss unter Zeitdruck „abgearbeitet“ werden. Wichtig ist nur, dass ihr die gewählte Idee aus der Bucket List für euch als richtig empfindet. Ihr werdet schnell feststellen, dass es manchmal nur ein kleiner Schritt ist zwischen einem tollen Tag und einem unvergesslichen Erlebnis zu zweit.

Mr & Mrs

Das erste Jahr als Ehepaar

Früher veränderte sich für ein Paar mit der Hochzeit alles: Die meisten jungen Leute waren nie zuvor von ihrer Familie getrennt und der gemeinsame Hausstand entstand erst im Anschluss an die Trauung. Heute leben die meisten Paare bereits vor der Hochzeit zusammen und haben somit eine gemeinsame Basis, in der die meisten Aspekte des vereinten Lebensalltages vorab geklärt sind.

Bleibt also jetzt alles beim Alten oder erlebt ihr eure Verbindung durch die Eheschließung ganz neu? Das bleibt ganz euch überlassen, sofern ihr die Besonderheiten und glücklichen Momente heute, morgen und in der Zukunft zu schätzen wisst. Und damit ihr das Glücksgefühl eurer Verbindung lange erhalten könnt, sind die Wertschätzung füreinander und die Förderung des Gemeinschaftsgefühls durch schöne Erlebnisse wichtige Elemente, die nicht nur in der Freizeit, sondern auch im Alltag einen festen Platz finden können.

Meine Bucket List ist auf die Vielfalt der modernen Paare ausgerichtet. Ob ihr jung verheiratet seid oder schon ein reifes Alter habt, ob ihr Kinder habt oder nicht, ob ihr ein gleichgeschlechtliches Paar seid oder eure persönlichen Wertvorstellungen in den Mittelpunkt stellt: Lasst meine Ideen für den Alltag, für den Urlaub und die großen Highlights im Zusammenleben auf euch wirken. Nutzt die Vorschläge aus meinem Buch als Inspiration, mit deren Hilfe ihr eure Favoriten zu einer eigenen Liste für das erste Ehejahr zusammenstellen könnt.

Neben Ideen, die ihr zu bestimmten Jahreszeiten besonders gut umsetzen könnt, findet ihr auch zeitlose Anregungen für euer erstes Ehejahr. Diese könnt ihr unabhängig von der Jahreszeit erleben, und zwar ganz einfach dann, wenn ihr Lust darauf habt!

Einige Beziehungsfragen ergänzen die Ideen, um euch beim gemeinsamen Weiterentwickeln eurer Partnerschaft zu begleiten und das Wir-Gefühl in guten wie in schweren Zeiten zu stärken. Diese Fragen könnt ihr euch vor Erledigung des Bucket-List-Punktes stellen, um euch noch besser kennenzulernen. Lernt außerdem euren Partner und auch euch selbst von einer neuen Seite kennen, indem ihr die Komfortzonen des Alltags verlasst und eure Liebe auf ein neues Level bringt.

Was ist eine Bucket List?

Im klassischen Sinne ist die Bucket List eine Liste von Erlebnissen, Erfahrungen und Plänen, die ein Mensch in einem festgelegten Zeitraum oder in seinem Leben noch erleben möchte. Die Bezeichnung stammt aus dem Englischen und wurde als Abkürzung des Sprichwortes „kick the bucket" (sinngemäße Übersetzung „den Löffel abgeben") vor allem durch den gleichnamigen Film geprägt, der 2007 als „Das Beste kommt zum Schluss" in die deutschen Kinos kam. Ursprünglich geht es daher bei der Bucket List um all jene Dinge und Erlebnisse, die ein Mensch in seinem Leben noch kennenlernen oder erfahren möchte. Somit ist die Bucket List eine persönliche „To-do-Liste" mit Wünschen, Träumen und Erlebnissen.

Inzwischen hat die Bucket List jedoch nicht nur als Lebens-To-do-Liste einen festen Platz in unserem Leben gefunden. Manche Menschen erstellen eine solche Liste für berufliche Ziele, andere für Lebensaufgaben und wieder weitere Personen für persönliche Ideen und Inspirationen, welche die Wünsche für die Zukunft festhalten.

Die Bucket List in diesem Buch ist eine Erlebnisliste, mit der ihr eure Ehe von Anfang an bunt und kreativ gestaltet, um den Alltag mit Hektik und Routinen zu durchbrechen. Hierdurch könnt ihr eure Liebe frisch halten und die gemeinsame Zeit leichter, bewusster und abwechslungsreicher genießen.

Warum eine Bucket List eure Ehe stärkt

- Werdet euch über eure Lebensziele und Wünsche klar, indem ihr euch eure Bucket-List-Punkte vor Augen führt.

- Lernt euch selbst und euren Ehepartner besser kennen.

- Genießt die Erlebnisse und erfreut euch am Erreichen gesetzter Ziele, die ihr abhaken könnt.

- Das Lesen der Liste kann euch später unterstützen, die Erinnerung an gemeinsame Erlebnisse frisch zu halten - und euch dankbar und glücklich zu fühlen.

- Eine Bucket List für das Eheleben kann somit eure Zweisamkeit und später auch das Familienleben mit Kindern bereichern. Gönnt euch die gemeinsame Zeit ohne Druck, dafür mit viel Liebe, Aufmerksamkeit und Spaß.

Wichtige Anmerkungen

Mein Buch ist zwar eine klassische Anleitung, aber soll auch als Anregung dienen, um eigene Ideen zu finden, mit denen ihr eure persönliche Bucket List erstellen könnt. Dafür habt ihr am Ende des Buches ausreichend Platz. Alle Punkte sind als Vorschlag anzusehen und sind natürlich nach euren Wünschen persönlich abänderbar.

Damit sich dieses Buch einfacher lesen lässt, wird bei personenbezogenen Bezeichnungen grundsätzlich die männliche Form (z.B. Partner oder Bräutigam) verwendet. Dadurch soll aber natürlich niemand ausgeschlossen, bei keinem ein Gefühl der Benachteiligung hervorgerufen oder anderweitig irgendeine Wertung vorgenommen werden. Dieses Buch richtet sich an alle, die es lesen. In der heutigen Zeit gibt es nicht nur binäre Ehepaare. Das heißt, jeder Mensch kann hier und jetzt ein Eheleben führen. Somit soll bitte niemand den verwendeten Sprachstil in irgendeiner Weise persönlich nehmen.

Jeder Mensch hat andere Wertvorstellungen, die seinen Lebensalltag im Großen wie im Kleinen prägen. So soll sich niemand durch Vorschläge, wie z.B. der Teilnahme an einer Weinverkostung, genötigt fühlen, Alkohol zu konsumieren, wenn keiner von beiden normalerweise Alkohol trinkt. Auch die Nachhaltigkeit ist ein wichtiges Thema, das bei Vorschlägen wie Flugreisen sicherlich jeder individuell entscheiden muss. Die Vorschläge sind somit reine Ideen, die euch hoffentlich inspirieren werden. Für die Umsetzung bzw. Buchung bestimmter Aktivitäten eignen sich z.B. die Anbieter *mydays.de* oder *jochen-schweizer.de* sehr gut. Sollten euch bestimmte Begriffe zunächst unklar erscheinen, findet ihr am Ende des Buches ein Glossar. Dort könnt ihr gerne nachschlagen, um einzelne Wörter besser zu verstehen und zugleich euren Wortschatz erweitern.

Es ist zudem wichtig, sich selbst und dem Partner keinen Druck zu machen. Ihr beginnt gerade euer Eheleben und habt natürlich auch alle Zeit der Welt, die Bucket List zu verwirklichen. Und wenngleich das Buch vorrangig für das erste Ehejahr geschrieben wurde, ist nirgends festgelegt, in welchem Zeitraum die Erfüllung der Punkte zu erledigen ist. Nehmt euch die Zeit, die ihr benötigt – ob ein Jahr, fünf Jahre oder zehn, spielt dabei überhaupt keine Rolle. Bindet gerne vorhandene Kinder mit ein oder lasst künftige Kinder an den Erlebnissen teilhaben. Traut euch, auch bereits festgelegte Punkte bei veränderten Lebensbedingungen an eure Vorstellungen anzupassen. Bitte beachtet auch, dass ich keine Garantie für euch geben kann, noch nie alle Bucket-List-Punkte erlebt zu haben.

Ein Erlebnis, das ihr euch heute für die Zukunft auch auf die eigene Bucket List schreibt, kann vielleicht in fünf Jahren andere Erfordernisse und Wünsche mitbringen als zum Zeitpunkt der Notiz. Spielt mit den Möglichkeiten und stöbert in den Jahreszeiten, um euch den größtmöglichen Mehrwert aus den Ideen herauszusuchen, die genau zu euch und eurem Leben passen.

Und nun wünsche ich euch ganz viel Spaß! ❤

Das ist die Bucket List von

&

Unser schönstes

Hochzeitsfoto

Das sind wir

WANN SIND WIR ZUSAMMENGEKOMMEN?

DORT HABEN WIR UNS KENNENGELERNT:

UNSER VERRÜCKTESTES ERLEBNIS:

UNSER HOCHZEITSDATUM:

☐ standesamtlich ☐ kirchlich

SO VIELE GÄSTE HABEN MITGEFEIERT:

UNSERE TRAUZEUGEN:

Braut Bräutigam

WER HAT DEN BRAUTSTRAUß GEFANGEN?

UNSERE FLITTERWOCHEN GEHEN NACH:

Auf geht´s!

1. Lasst andere an eurem Glück
teilhaben und teilt euer schönstes
Hochzeitsbild über die sozialen Medien.

☐ Erledigt

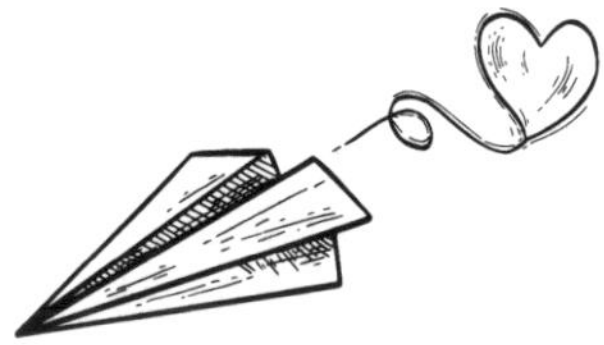

2.

Schreit es in die Welt hinaus!

Ändert euren Beziehungsstatus
auf Facebook zu „verheiratet“.

☐ Erledigt

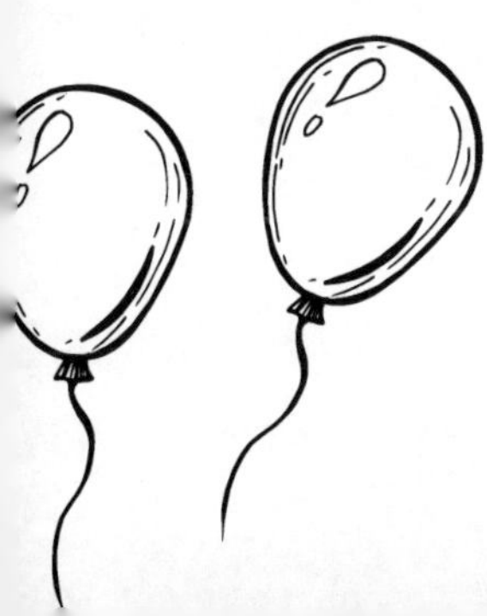

Frühling

3. In die Zukunft schauen – erstellt ein Visionboard mit euren *gemeinsamen Zielen!*

Was möchtest du noch alles erreichen?

☐ Erledigt

4. Durch einen ausführlichen **Gesundheits-Check-up** sichergehen, dass euren Abenteuern nichts im Wege steht.

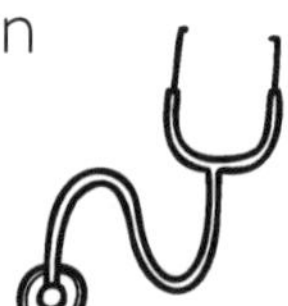

☐ Erledigt

5. Keine Toxizität in der Beziehung oder im Körper! *Macht eine Detox-Kur zur Entgiftung.*

☐ Erledigt

6. Time to get fit!

Fangt an, regelmäßig joggen zu gehen!

☐ Erledigt

---

7. Ein **Selbstexperiment** starten – fasten bei Tag, schlemmen bei Nacht.

☐ Erledigt

8. Achtsamkeit in der Ehe – startet ein Dankbarkeitstagebuch, um euch zu erinnern, was wirklich wichtig ist.

Welche 3 Sachen fallen dir sofort ein, wofür du dankbar bist?

------------------------ ------------------------ ------------------------

☐ Erledigt

9. Better together! Helft einander, eine schlechte Gewohnheit abzulegen …

☐ Erledigt

10. … und eignet euch stattdessen eine gute Gewohnheit an!

☐ Erledigt

11. **Zu Influencern werden**

und eure Abenteuer auf einem
Pärchen-Instagram-Account dokumentieren.

☐ Erledigt

---

12. Oder eure kreativen Energien auf einem YOUTUBE-KANAL ODER BLOG rauslassen.

☐ Erledigt

13. Die Saison ausnutzen und ein leckeres Gericht in einem Spargelrestaurant probieren.

☐ Erledigt

---

14. Köstlichkeiten aus der Frühlingsküche:

Frühlingsrollen zu Hause machen

(z.B. im Gyoza-Style).

☐ Erledigt

15. Leckere Smoothies aus eurem Lieblingsobst kreieren.

☐ Erledigt

16. Lasst eure Sinne berauschen bei einem romantischen

DINNER IN THE DARK

im Dunkelrestaurant.

☐ Erledigt

17. Den Kühlschrank füllen und die Landwirte der Region unterstützen, indem IHR EINEN BAUERNMARKT BESUCHT.

☐ Erledigt

18. Den Frühling ertasten – **lauft barfuß durchs Gras.**

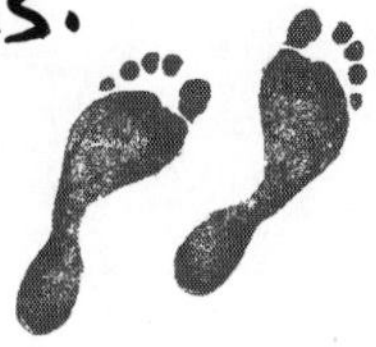

☐ Erledigt

19. Kreiert eure eigenen Ostertraditionen:

Versteckt Süßigkeiten und Geschenke füreinander.

☐ Erledigt

---

20. Tanzt gemeinsam in den *Mai* und schwingt in der *Nacht das Tanzbein*!

☐ Erledigt

21. Einen Wildblumenstrauß pflücken, um sich gegenseitig eine Freude zu machen.

(Achtet jedoch auf Natur- und Artenschutz!)

Welche sind deine Lieblingsblumen?

☐ Erledigt

---

22. Legt euch ein MATCHING OUTFIT im Blumenprint zu.

☐ Kleid

☐ T-Shirt

23. **Pimp your clothes:**

Versucht euch im Batiken und verschönert
ein paar alte Klamotten.

☐ Erledigt

---

24. Eure

Lieblingsstadt aus der Vogelperspektive

bestaunen (z.B. mit wingly.io).

Alternative: Mit einem **Heißluftballon**
hoch in die Luft steigen.

☐ Erledigt

25. Lust auf Nervenkitzel?

Gönnt euch einen **Adrenalinschub:**

- ☐ Bungee-Jumping
- ☐ Skydiving
- ☐ Ziplining
- ☐ Paragliding
- ☐ House Running
- ☐ Rafting
- ☐ Alternative: Slacklining im Park

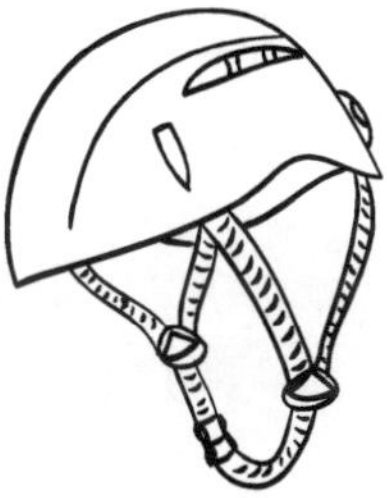

26. In einem

Kletterpark die Natur genießen

und euch eurer Höhenangst stellen.

☐ Erledigt

27. Schon von minimalem Wohnen gehört? Verbringt euer Wochenende in einem

Tiny House.

Was denkst du über Minimalismus?

☐ Erledigt

---

28. Ein **SURVIVALTRAINING** buchen, um für alle Lebenslagen vorbereitet zu sein.

Was denkst du sind die wichtigsten Dinge, die man zum Überleben braucht?

☐ Erledigt

29. Eure *spirituelle Seite* bei einem Workshop oder Retreat erkunden.

☐ Meditation ☐ Kakaozeremonie ☐ Retreat

☐ japanische Teezeremonie ☐ Breathwork

Was bedeutet für dich Spiritualität?

30. Bei einer *Alpakawanderung* den Alltagsstress hinter euch lassen und die ruhige Natur der Tiere genießen.

☐ Erledigt

31. BESUCHT EINEN REPTILIENPARK

und traut euch, eines in die Hand zu nehmen!

☐ Erledigt

32. Bei einer Hotrod-Tour den Motor heulen lassen.

Was schätzt du, wie viel PS die Kiste hat?

☐ Erledigt

33. „Feine englische Art"?

Nehmt an einem Dartturnier im Pub teil!

☐ Erledigt

---

34. Bei einem **PUB CRAWL** um die Häuser ziehen und eure wilde Seite rauslassen.

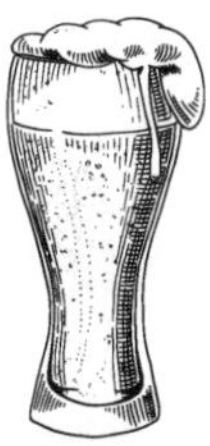

☐ Erledigt

35. Ab in die Natur!

Bei einer Wildkräuterwanderung die Heilkräfte von Pflanzen kennenlernen.

☐ Erledigt

36. Kreativ werden beim

Cocktail-Kurs:

Designt euren eigenen Drink!

Welcher Cocktail ist dein all-time favourite?

☐ Erledigt

---

37. Zu Fitness-Junkies werden!

EIN WORK-OUT BEI EINEM PERSONAL TRAINER BUCHEN.

☐ Erledigt

38. Spaßfaktor und Nervenkitzel –
macht einen neuen

Freizeitpark unsicher.

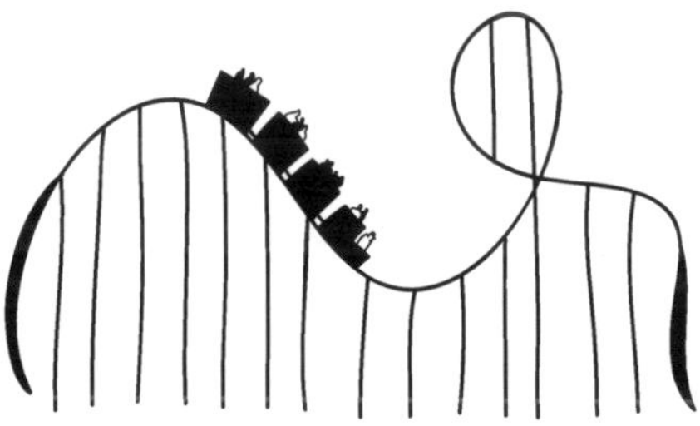

☐ Erledigt

39. Zückt die Ferngläser und geht auf
BIRDWATCHING-TOUR.

☐ Erledigt

40. ***Zurück in die Vergangenheit!***
Statt der gewohnten Fahrradtour
mit einer Draisine fahren.

☐ Erledigt

41. Die Heimat aus frischer Perspektive – werdet zu

Urlaubern in eurem Heimatort

und unternehmt eine typische Touri-Aktivität.

☐ Erledigt

---

42. Gemeinsam eure

Hundesitting-Dienste

anbieten (z.B. auf dogsharing.de).

☐ Erledigt

---

43. Politisches Engagement zeigen – kämpft auf einer

Demo für Gerechtigkeit!

☐ Erledigt

44. Durch **Geocaching** eine Schatzsuche wie aus Kindertagen erleben.

☐ Erledigt

---

45. Ein flatterndes Erlebnis: Einen **Schmetterlingszoo** besuchen.

☐ Erledigt

46. Doppelt hält besser: Unternehmt eine **tandemtour** und stellt eure Koordination auf die Probe.

☐ Erledigt

---

47. Aus mit bösen Geistern!

Kauft euch Salbei, räuchert die Wohnung und vertreibt negative Energien.

☐ Erledigt

---

48. Schnappt euch Sprühdosen und verewigt

EURE LIEBE IN FORM EINES GRAFFITIS.

(An einer legalen Wand, natürlich!)

☐ Erledigt

49. Auf die alten Zeiten – euer erstes Date nachstellen

und euch aufs Neue ineinander verlieben.

Was hat dich damals an mir besonders beeindruckt?

☐ Erledigt

---

50. Sagt Cheese!

Einen Tag lang alle Erlebnisse mit der Sofortbildkamera festhalten.

☐ Erledigt

51. Vom Frühling INSPIRIERTE PÄRCHENFOTOS machen: Lasst euch vor einem blühenden Tulpenfeld ablichten.

☐ Erledigt

---

52. Heimlich in einem Fotoautomaten verrückte Knutschbilder machen.

☐ Erledigt

---

53. Mit einer DROHNE einzigartige Luftbilder einfangen.

☐ Erledigt

54. Schwingt euch beim nächsten *Städtetrip auf ein Segway* und erkundet die Umgebung im Touri-Style.

☐ Erledigt

---

55. **Wandern, Wein und We-Time** – nehmt an einer Weinbergwanderung mit Weinprobe teil.

☐ Erledigt

---

56. Oder sogar an einer **mehrtägigen Wandertour.**

Wie sieht die perfekte Wanderroute für dich aus?

☐ Erledigt

57. **Packt die Reisetasche**, setzt euch in den nächstbesten FlixBus und genießt die etwas andere Aussicht.

☐ Erledigt

---

58. Paparazzi! Einen Ausflug ins sagenhafte

Disneyland

unternehmen und ein Selfie mit Micky Mouse schießen.

☐ Erledigt

59. Euch beim Besuch im Sternenpark
vom Himmelszelt verzaubern lassen
(z.B. in Rhön, Eifel oder Westhavelland).

☐ Erledigt

---

60. Durchhaltevermögen ist angesagt: Kreiert eine
MONATS-CHALLENGE,
zu der ihr euch gegenseitig motiviert
(z.B. in den Bereichen Fitness, Produktivität, gesünderer Lifestyle).

☐ Erledigt

---

61. Auch Hausarbeit kann Spaß machen!
Beim Frühjahrsputz einen spannenden
Podcast anhören
(z.B. auf spotify.com).

☐ Erledigt

62. Kleine Schritte für große Veränderung –

setzt eine Idee für mehr Nachhaltigkeit um.

(Inspiration: smarticular.net)

Was denkst du über Nachhaltigkeit?

☐ Erledigt

63. Pimp your garden:

Baut eigene Kräuter- und Gemüsesorten an.

(So schmeckt das Abendessen doppelt so gut!)

☐ Erledigt

64. Weg mit dem alten Zeug! Ausmisten und auf dem

FLOHMARKT EUER VERKAUFSTALENT TESTEN.

Welche Sache würdest du niemals verkaufen, weil sie dir zu viel bedeutet?

☐ Erledigt

65. *Sortiert die Klamotten* in euren Schubladen und Schränken à la Marie Kondo.

☐ Erledigt

66. **Beim Schaukeln** auf dem Kinderspielplatz über die Ups & Downs des Lebens reflektieren.

Was ist deine schönste Kindheitserinnerung?

☐ Erledigt

---

67. **Nostalgie pur:**

Zeigt einander eure liebsten Kindheitsorte und Geheimverstecke.

Was war dein absoluter Lieblingsort als Kind?

☐ Erledigt

offline

68. Lust auf Abenteuer?
Off the map gehen und einen
LOST PLACE ERKUNDEN.

☐ Erledigt

---

69. Werdet zu wahren Entdeckern und geht mit einem
Metalldetektor auf Goldjagd.

☐ Erledigt

70. **SCHMEISST EINE MOTTOPARTY!**

Mit passender Musik, Kostümen, Snacks, Getränken und allem Drum und Dran.

Welches Motto kommt dir sofort in den Sinn?

☐ Erledigt

---

71. Es bei einer 90er-Party so richtig krachen lassen!

Welches Lied kannst du heute noch auswendig?

☐ Erledigt

72. Besucht ein Straßenfest in eurer Nachbarschaft und macht die Karussells unsicher.

☐ Erledigt

---

73. Im Freizeitpark für den anderen ein **XXL-Kuscheltier gewinnen.**

☐ Erledigt

---

74. Bei einem Streetfood-Festival eine KULINARISCHE WELTREISE antreten.

☐ Erledigt

Taco TUESDAY

75. Verewigt eure Liebe zueinander: Lasst euch ein bedeutsames semi-permanentes Tattoo stechen.

(Kleiner Tipp: Auf inkbox.com könnt ihr eigene Motive entwerfen.)

☐ Erledigt

---

76. Einen Tag lang im PARTNERLOOK herumlaufen und dabei lustige Fotos entstehen lassen.

☐ Erledigt

---

77. Zähne zusammenbeißen: Führt ein Waxing am jeweils anderen durch. (Ohne zu schreien!)

☐ Erledigt

78. BEIM FRISEUR EIN UMSTYLING VORNEHMEN

und abends beim romantischen Date die neuen Looks vorführen.

SALON
HAIRCUT

☐ Erledigt

---

79. Macht bei einem **FOTOWALK** mit und bestaunt die Umgebung durch eure Kameralinsen.

☐ Erledigt

80. Netflix zum Anfassen:

Den Drehort eurer Lieblingsserie besuchen.

Welche Serie könntest du immer wieder schauen?

☐ Erledigt

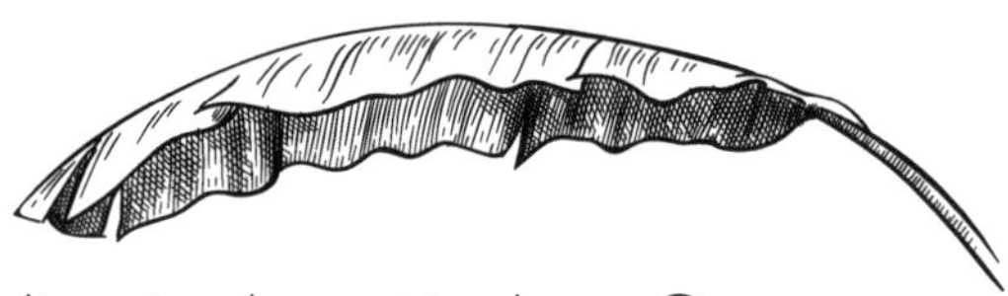

81. Urlaubsfeeling im botanischen Garten –

besucht ein Tropenhaus

und stellt euch vor, auf Reisen zu sein.

☐ Erledigt

---

82. Einen Crashkurs im Imkern belegen,

um dem Traum von hausgemachtem Honig näherzukommen.

☐ Erledigt

83. Den Kindheitstraum erfüllen:

Findet ein vierblättriges Kleeblatt

und hebt es als euren Glücksbringer auf.

☐ Erledigt

---

84. Raus aus der Komfortzone!

Traut euch, Insekten zu essen.

☐ Erledigt

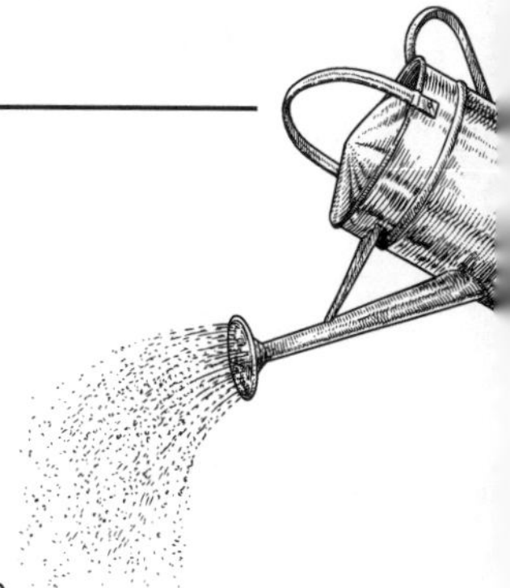

85. LERNT, WIE MAN RICHTIG FERMENTIERT, um euer Lieblingsgemüse auch in anderen Jahreszeiten zu genießen.

☐ Erledigt

86. Bringt euch gegenseitig zum Staunen mit einem *Tag voller Überraschungen.*

☐ Erledigt

87. Euch die kitschige Spardose schnappen und beginnen, *für euren gemeinsamen Traum zu sparen...*

☐ Erledigt

---

88. ...und diesen euch eines Tages erfüllen.

☐ Erledigt

89. DIY-Balkon:
Schnappt euch ein paar Paletten und
hämmert eigene Blumenkästen zusammen!

☐ Erledigt

90. DIY-Birdbox:
Gebt den Vögeln auf eurem Balkon ein richtiges zu Hause.

☐ Erledigt

91. DIY-Außendeko:

Bastelt schicke Windlichter

für den Gemütlichkeitsfaktor im Garten.

☐ Erledigt

---

92. DIY-Naturkosmetik:

Stellt eure eigene Seife her

(inspiriert von euren Lieblingsdüften).

Welchen Duft riechst du am liebsten?

☐ Erledigt

93. DIY-Putzmittel:
Verbannt das toxische Reinigungsmittel aus eurem Haushalt und ersetzt es durch ein

SELBST GEMACHTES NATURPUTZMITTEL.

☐ Erledigt

Sommer

94. Der frühe Vogel fängt den Sommertag!

Den Wecker früher stellen

und den Tag richtig ausnutzen.

☐ Erledigt

---

95. Zu einer nostalgischen

SOMMERHIT-PLAYLIST

so richtig abdancen!

☐ Erledigt

---

96. Rodeln kann man nicht nur im Schnee –

MACHT DIE SOMMERRODELBAHN ZU EURER PISTE.

☐ Erledigt

97. Im Freibad die einzigartigen
Pommes schlemmen.

☐ Erledigt

---

98. Wie den Sprung in ein gemeinsames Leben,
WAGT AUCH DEN VOM SPRUNGBRETT AM BADESEE.

☐ Erledigt

---

99. In einer **ROOFTOP BAR**
gemütlich den Sommerabend ausklingen lassen.

☐ Erledigt

100. Genießt auf einem *Hochhausdach* die Aussicht und den Sonnenuntergang.

☐ Erledigt

101. Wie in Hollywood:

Küsst euch im Sommerregen.

(Natürlich ohne Schirm oder Regenjacke!)

☐ Erledigt

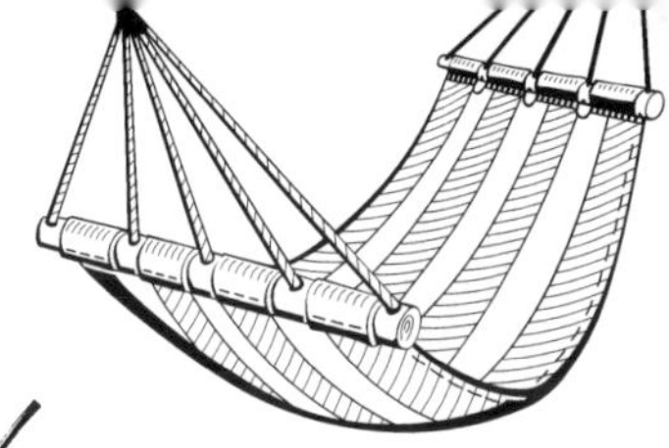

102. Draußen in der Hänge-matte übernachten

und dem Grillenzirpen lauschen.

☐ Erledigt

---

103. Bewundert gemeinsam den Sternenhimmel und entdeckt eine Sternschnuppe.

(Etwas wünschen nicht vergessen!)

☐ Erledigt

104. Das *Date im Kino* mal etwas anders gestalten:

☐ Open-Air-Kino ☐ Autokino ☐ Strandkorbkino

Welcher Popcorn-Typ bist du?
Süß oder salzig?

☐ Erledigt

105. Raus aufs Wasser –
die Wellen beim *Wasserski* bezwingen.

☐ Erledigt

---

106. Schleudert euch beim **BLOBBING** gegenseitig in hohem Bogen durch die Luft und ins Wasser.

☐ Erledigt

107. Aufs falsche Pferd gesetzt? Hoffentlich nicht!

BESUCHT EIN PFERDERENNEN

und schließt eine Wette ab.

☐ Erledigt

---

108. Fordert eure Freunde zu einer

Paintballpartie heraus.

☐ Erledigt

109. Besucht eine Art Night

und werdet selbst zu Picasso.

☐ Erledigt

110. *Ein Open-Air-Konzert besuchen*

und bei guter Musik die Sommernacht genießen.

☐ Erledigt

111. Kommt bei einem

Biergarten-Date ins Schunkeln.

☐ Erledigt

112. Geschichte zum Anfassen:
BESUCHT ZUSAMMEN EIN FREILICHTMUSEUM.

☐ Erledigt

---

113. *Besucht eine historische Stätte* und lasst euch von der Mystik inspirieren.

☐ Erledigt

---

114. Auf den Spuren großer Entdecker:
Besucht eines der 7 Weltwunder der Neuzeit.

☐ Erledigt

115. Beim Canyoning die Natur von ihrer wilden Seite erleben.

☐ Erledigt

116. Stemmt euch beim ACROYOGA gegenseitig in die Luft!

(Abenteuerliche Alternative: Beim SUP-Yoga auf dem SUP-Board balancieren und eventuell nass werden.)

yoga

☐ Erledigt

117. Lasst euch bei einem *romantischen Segeltrip* die frische Brise um die Nase wehen.

☐ Erledigt

118. Time to hit the road! Unternehmt einen

Roadtrip durch ganz Deutschland.

☐ Erledigt

119. An einer Brücke euer

Liebesschloss anbringen

und die Schlüssel im Gewässer versenken.

☐ Erledigt

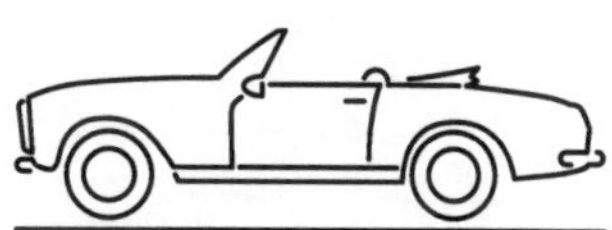

120. MIETET EIN CABRIO

und spürt den Sommerwind in den Haaren.

Wo würdest du am liebsten entlangfahren?

☐ Erledigt

121. Startet eine Verfolgungsjagd auf der Gokartbahn.

☐ Erledigt

---

122. Lasst euch in einer Rikscha herumkutschieren und lehnt euch zurück.

☐ Erledigt

---

123. Macht mit E-SCOOTERN die Stadt unsicher.

☐ Erledigt

124. Entdeckungstour auf zwei Rädern:
Mit dem Roller eine neue Stadt erkunden!

Welche Stadt steht auf deiner Bucket List ganz oben?

☐ Erledigt

---

125. Tour de Romance:
Unternehmt eine Fahrradtour mit romantischem Picknick in der Natur!

☐ Erledigt

---

126. Jetzt ist Action angesagt!
Nehmt an einer Quadtour teil.

☐ Erledigt

127. Feiern und frei sein bei einem

Musikfestival eurer Wahl!

Bei welcher Musik könntest du die Nächte durchtanzen?

☐ Erledigt

---

128. Euch beim **HOLI FESTIVAL** mit Farben bewerfen und so richtig Spaß haben.

☐ Erledigt

129. MACHT EINE NACHTWANDERUNG

und beobachtet die nachtaktiven Waldbewohner.

☐ Erledigt

---

130. In See stechen:

Unternehmt eine Kreuzfahrt

und erkundet fast jeden Tag einen neuen Ort.
(Nachhaltigere Alternative: Macht eine Schienenkreuzfahrt.)

Wo würdest du am liebsten einmal den Anker werfen?

☐ Erledigt

131. Über einen See schippern via:

☐ Tretboot ☐ Stand-Up-Paddling ☐ Kajak

☐ Schlauchboot ☐ Motorboot

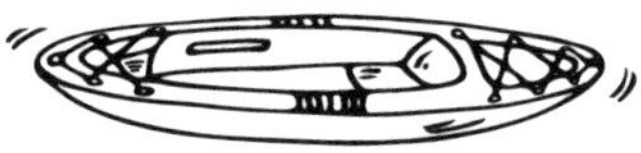

---

132. Mit einer Unterwasserkamera geniale Urlaubs-Selfies machen.

☐ Erledigt

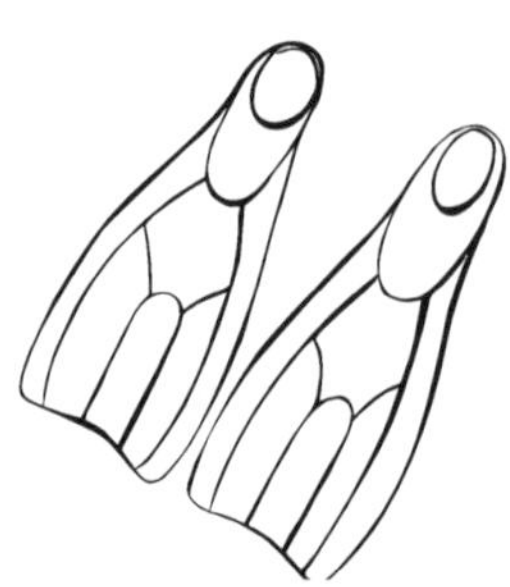

133. In einer Beach Bar Urlaubsfeeling schnuppern

und Pläne für die nächste Reise schmieden.

Welcher Strand war der traumhafteste, den du je gesehen hast?

☐ Erledigt

---

134. Macht es wie ein EXPAT:

Nehmt euch drei Monate unbezahlten Urlaub und gönnt euch eine Auszeit im Ausland.

☐ Erledigt

135. Einen Backpacking-Trip machen

und einen weiteren Schritt aus der Komfortzone wagen.

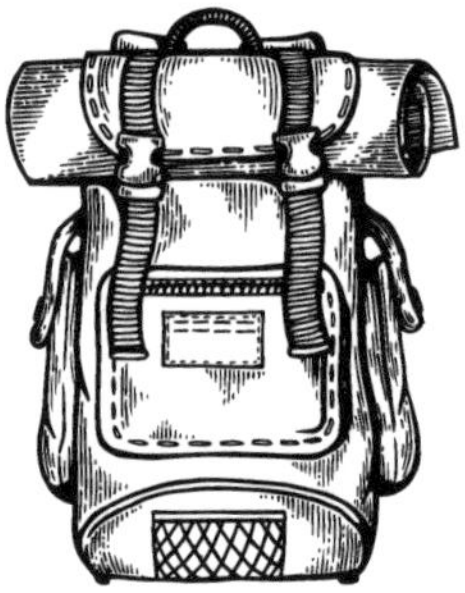

Welche Länder würdest du mit dem Rucksack entdecken wollen?

☐ Erledigt

136. *Nehmt für eine Nacht einen Couchsurfer auf*

und nutzt die Chance, spannende Kontakte zu knüpfen.

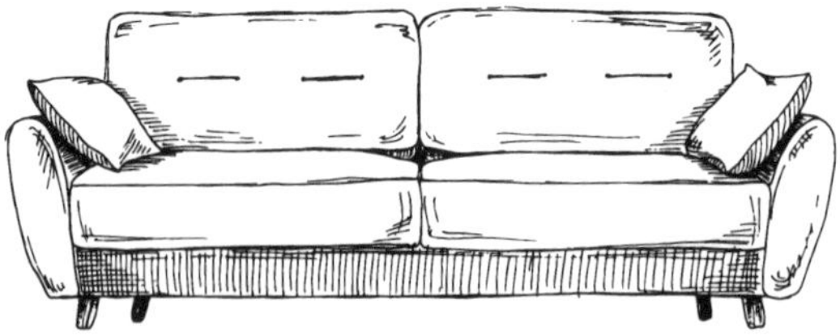

☐ Erledigt

137. *Zu naturnahen Weltenbummlern* werden und WWOOFING ausprobieren.

☐ Erledigt

138. Into the Wild: ÜBERNACHTET AUF EINEM BIWAK- & Trekkingplatz im Wald!

(Luxus-Alternative: Glamping, für diejenigen, die nicht allzu sehr auf Wildnis abfahren.)

☐ Erledigt

139. Das Erlebnis wartet gleich um die Ecke:

ERLEBT EIN MIKROABENTEUER!

☐ Erledigt

---

140. Habt ihr die richtigen Vibes? Versucht im berüchtigten Berliner Club

BERGHAIN

Einlass zu erhalten.

☐ Erledigt

141. WAS IST SCHON SOMMER OHNE EISCREME?

Macht sie einfach selbst!

Einfaches & leckeres Joghurteis-Rezept:

Zutaten für 4 Portionen:

500 g Joghurt (Natur oder mit höherem Fettgehalt)
2 EL Milch
2 EL Honig
1 TL Vanillearoma

Zubereitung:

1.) Vermengt in einer Schale alle Zutaten.
2.) Stellt nun die Schale für mindestens vier Stunden ins Gefrierfach.
3.) Rührt das unfertige Eis immer mal wieder um.
4.) Lasst es euch schmecken!

(Kleiner Tipp: Pürierte Erdbeeren oder Blaubeeren untermischen!)

☐ Erledigt

142. Cocktail Time:

Mixt eure eigenen Frozen Margaritas für einen sommerlichen Feierabenddrink.

☐ Erledigt

Margarita

---

143. Auf ins Erdbeerfeld!

Macht nach erfolgreicher Ernte:

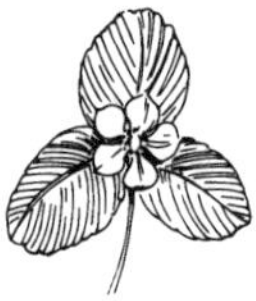

☐ leckeren Kuchen ☐ süße Marmelade

☐ köstliches Sorbet

---

144. Beim DINNER IN THE SKY Panorama mit Gourmet verbinden.

☐ Erledigt

145. Fischsalat ist Schnee von gestern?

Probiert eine Poke Bowl –

das hawaiianische Nationalgericht!

☐ Erledigt

---

146. Mit einem frischen

Wassermelonen- oder Obstsalat

für Abkühlung an heißen Tagen sorgen.

☐ Erledigt

---

147. **Verdrückt zusammen den größten Eisbecher,** den eure Eisdiele zu bieten hat.

☐ Erledigt

148. Tut euch an einem heißen Sommertag etwas Gutes: **MACHT SELBST LIMONADE.**

☐ Erledigt

---

149. *Eine private Blindverkostung* mit Rohkost und leckeren Dips arrangieren und die Lebensmittel erraten.

☐ Erledigt

---

150. Bei gemütlicher Atmosphäre am Lagerfeuer sitzen, Marshmallow's rösten und alte Geschichten erzählen.

☐ Erledigt

151. *Bestellt eine Kochbox*

bei HelloFresh und genießt die frischesten Zutaten.

☐ Erledigt

152. Shoppen bis Mitternacht:

BESUCHT EINEN NACHTFLOHMARKT

und trödelt herum.

☐ Erledigt

153. Bedient euch bei Mutter Natur und pflückt frische Früchte aus der Umgebung.

(Holt euch Inspiration auf mundraub.org.)

☐ Erledigt

154. **Einen Grillkurs besuchen,**

um euer BBQ auf das nächste Level zu bringen.

Was darf auf deinem Grillteller nicht fehlen?

☐ Erledigt

---

155. Lasst euch von einem Straßenkünstler **auf einem Pärchen-Porträt verewigen.**

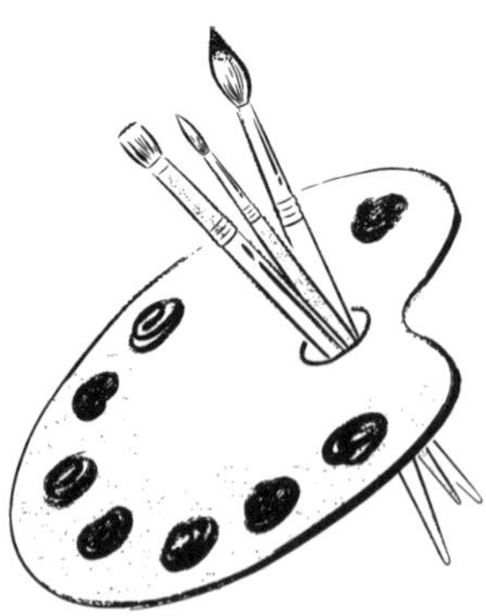

☐ Erledigt

156. An einer TIKTOK-DANCE-CHALLENGE teilnehmen und hoffen, viral zu gehen.

An welchen Trend kannst du dich noch sehr gut erinnern?

☐ Erledigt

---

157. **Nehmt witzige Videos in Slow Motion auf,** bis euch vor Lachen die Bäuche wehtun.

☐ Erledigt

---

158. Pärchen-Pediküre! Lasst es euch gut gehen UND GÖNNT EUCH EINE FUßPFLEGE.

☐ Erledigt

159. Drunter und drüber:

Euch beim Twister spielen verknoten.

☐ Erledigt

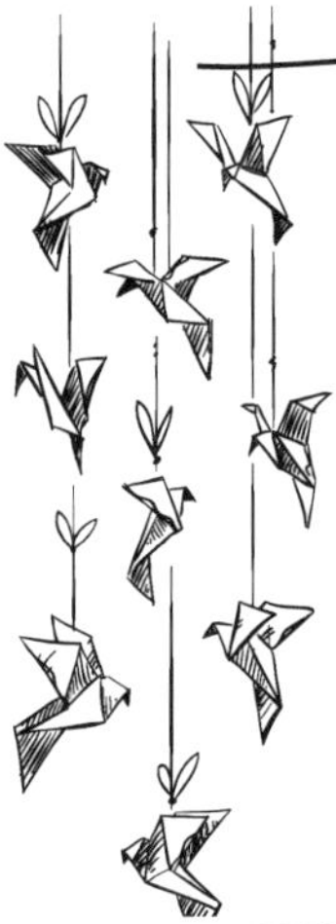

160. ***Wer wird Origami-Meister?***

Versucht euch an der Kunst des Papierfaltens und testet eure Geduld.

☐ Erledigt

161. ***Einen DIY-Sandkasten bauen,***

für die Kinder oder für euch als Strand im Garten.

(Alternative: DIY-Mini-Sandkasten für den Balkon, sodass ihr zumindest die Füße im Sand vergraben könnt.)

☐ Erledigt

162. *Einen DIY-Teich im Garten anlegen* und eine Ruheoase erschaffen.
(Alternative: DIY-Mini-Teich, der auf den Balkon passt.)

☐ Erledigt

---

163. Steine sammeln und kleine Kunstwerke erschaffen, indem ihr sie bunt bemalt.

☐ Erledigt

---

164. Lasst euch überraschen:
Die nächste Reise mit einem

BLIND BOOKING

antreten.

☐ Erledigt

165. *In einem Bubble-Hotel übernachten*

und (wortwörtlich) Zeit in eurer eigenen kleinen Blase verbringen.

☐ Erledigt

166. *Unternehmt eine Zeitreise!*

Verbringt das Wochenende in einem mittelalterlichen Erlebnishotel

(z.B. im Hotel Arthus – Baden-Württemberg).

Alternative: Für ein paar Stunden ins Mittelalter eintauchen und an einem Ritteressen teilnehmen.

☐ Erledigt

---

167. Back to Nature:

Steigt in einem Baumhaushotel ab!

☐ Erledigt

168. ***Verbringt die Nacht auf einem Hausboot*** und lasst euch von den Wellen in den Schlaf schaukeln.

☐ Erledigt

---

169. Den Urlaubsort dem Schicksal überlassen mit einem **Dartpfeil und einer Weltkarte.**

Was wäre dein größtes Traumreiseziel?

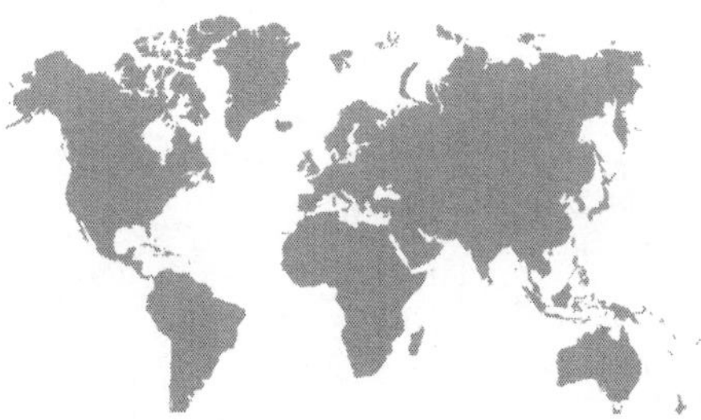

☐ Erledigt

---

170. Mückenlösung: Kauft euch einen Stichheiler!

☐ Erledigt

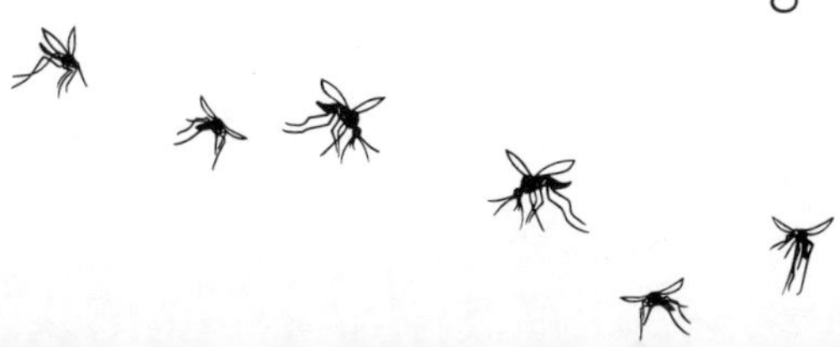

WÄHREND DES URLAUBES

171. Raus aus den Federn! Bewundert den **Sonnenaufgang am Meer.**

☐ Erledigt

---

172. **AUS EINER KOKOSNUSS TRINKEN** und all eure tropischen Träume wahr werden lassen.

☐ Erledigt

---

173. Beim **Whale Watching** oder **Dolphin Watching** einen Blick auf die beeindruckenden Tiere erhaschen.

☐ Erledigt

174. Taucht ein in die Unterwasserwelt

bei einem Schnuppertauchkurs.
(Für Erfahrene: Geht zum Scuba Diving und seid euch gegenseitig der Buddy.)

Wo genau würdest du abtauchen wollen?

☐ Erledigt

---

175. Mit dem Jetski

auf dem Meer herumcruisen.

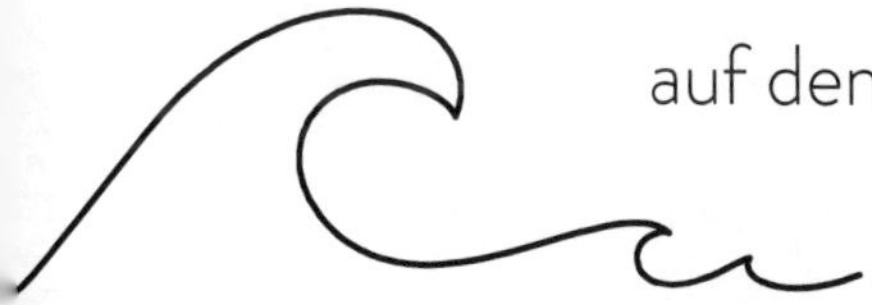

☐ Erledigt

176. Bilderbuchmoment:

Eine Gondelfahrt in Venedig machen.

☐ Erledigt

---

177. Hang loose!

ÜBERNACHTET IN EINEM SURFCAMP

und erobert gemeinsam die Wellen (z.B. auf Lanzarote).

SURFING

☐ Erledigt

178. In einem Wüstencamp übernachten

für ein Erlebnis wie aus 1001 Nacht (z.B. in Abu Dhabi).

☐ Erledigt

---

179. Gemeinsam bei einem Volontariat eine Organisation unterstützen

(z.B. dabei helfen, den Strand von Plastik zu befreien).

☐ Erledigt

180. Bucket List der Savanne –

Die Big Five auf einer Safari in Afrika sehen:

(Alternative: Die Tiere im Serengeti-Park in Hodenhagen bestaunen, ohne das Land verlassen zu müssen.)

☐ Elefant ☐ Nashorn ☐ Büffel

☐ Löwe ☐ Leopard

Welches Tier findest du besonders beeindruckend?

181. Belegt einen Kochkurs

und bringt die authentischen Aromen mit nach Hause.

☐ Erledigt

182. Pinterest nach Hidden Gems durchstöbern
und den perfekten Fotospot finden.

Wo hast du bis jetzt dein schönstes Foto geschossen?

☐ Erledigt

---

183. Nutzt den Late Check-out und lasst euch
VOM ROOM SERVICE EIN EXQUISITES FRÜHSTÜCK BRINGEN.

☐ Erledigt

---

184. Für die Erinnerung ein Urlaubsvideo
mit eurem eigenen Reise-Soundtrack
zusammenschneiden.

☐ Erledigt

Herbst

185. **Den Erste-Hilfe-Kurs auffrischen,**
um für Notlagen gerüstet zu sein.

☐ Erledigt

---

186. Euer Fahrzeug besser kennenlernen:
Absolviert ein Fahrsicherheitstraining
für mehr Sicherheit auf der Straße.

☐ Erledigt

---

187. Einen Wochentag für
Social Media Detox
festlegen und mal abschalten.

Was glaubst du, wie viele Stunden du pro Tag auf dein Handy schaust?

☐ Erledigt

188. **REGISTRIERT EUCH ALS KNOCHENMARKSPENDER,**
um eines Tages Leben zu retten.

☐ Erledigt

---

189. Mit einem DNA-Test mehr über eure Abstammungsgeschichte erfahren.

☐ Erledigt

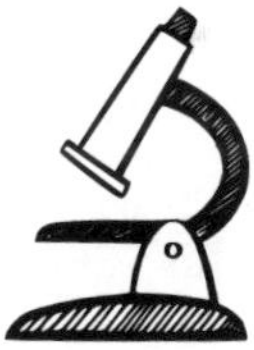

---

190. Im Auftrag der Wissenschaft:
Führt zu Hause euer eigenes Forschungsexperiment
durch. (Auf youtube.com gibt es z.B. Anleitungen.)

☐ Erledigt

191. Überraschung!

Eine Mystery Box bestellen und versuchen zu erraten, was drin ist.

☐ Erledigt

---

192. LASST EUCH VOM BASTELFIEBER PACKEN

und bestellt ein DIY-Starter-Kit (z.B. auf etsy.com).

☐ Erledigt

---

193. BEI EINER TUPPERPARTY PLAUDERN,

snacken und Küchenbedarf shoppen.

☐ Erledigt

194. Hüpft in einem

Trampolinpark

um die Wette und lasst den Alltagsstress hinter euch.

☐ Erledigt

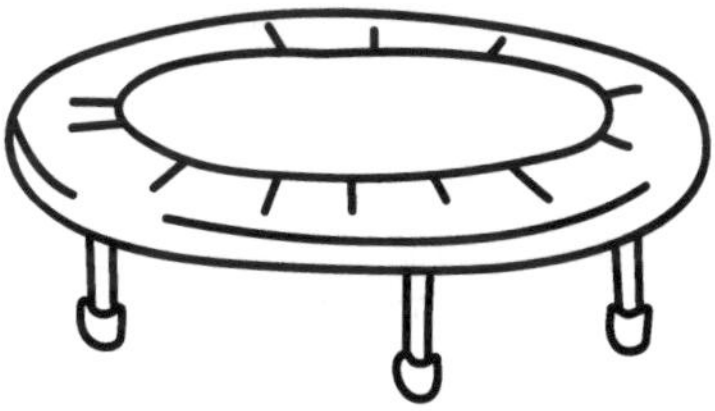

---

195. Am Wochenende

Quality Time in einem Romantik-Hotel verbringen.

☐ Erledigt

196. So kann euch keiner mehr unterkriegen!

Besucht einen Kampfsportkurs

und lernt, euch zu verteidigen.

☐ Erledigt

---

197. Hoch und hinaus, aber nur virtuell:

Bucht einen Flugsimulator.

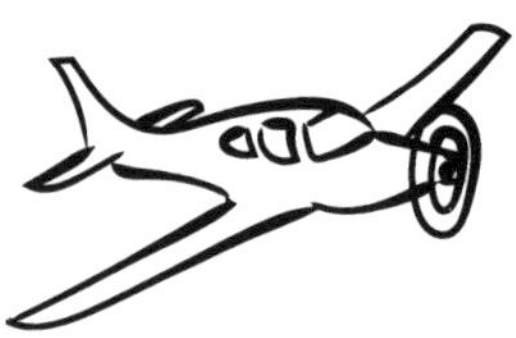

☐ Erledigt

---

198. Taucht in eine andere Welt ein bei einem

Virtual-Reality-Erlebnis.

☐ Erledigt

199. **Zusammen Pilates machen,**
um Körper und Geist zu trainieren.

☐ Erledigt

---

200. Fit dank Elektroschocks?
Probiert ein EMS-Training aus
und findet heraus, was dahinter steckt.

☐ Erledigt

---

201. Entkommt gemeinsam aus einem
ESCAPE-ROOM.

☐ Erledigt

202. Die Schwerkraft besiegen beim

Bodyflying.

☐ Erledigt

203. Besucht einen Parfüm-Workshop und kreiert herrliche Düfte füreinander.

Hast du einen speziellen Lieblingsduft?

☐ Erledigt

204. Vorhang auf! Auf ein stilvolles Date

ins Theater gehen.

☐ Erledigt

---

205. **BESUCHT EINEN BOXKAMPF**

und lasst die Stimmung auf euch wirken.

☐ Erledigt

206. **EINEN HEIMWERKERKURS ABSOLVIEREN,**

um zu Hause selbst Hand anlegen zu können.

☐ Erledigt

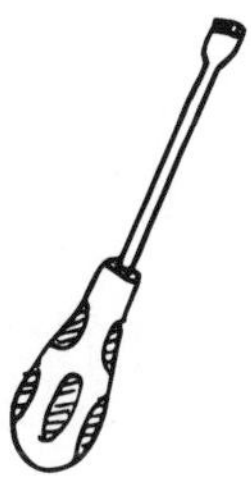

207. VERBRINGT DEN ABEND IN EINER KARAOKEBAR

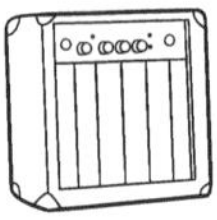

und entdeckt versteckte Talente.

(Alternative: Mit Singstar und einer Konsole einen privaten Karaokeabend zu Hause veranstalten.)

☐ Erledigt

---

208. Aufbrezeln und die Nacht unter den Reichen und Schönen im CASINO verbringen.

Was war die höchste Summe, die du je irgendwo gewonnen hast?

☐ Erledigt

209. Unternehmt eine romantische

Kutschenfahrt

durch die Natur.

☐ Erledigt

---

210. Genießen und testen –

an einer Verkostung teilnehmen für:

☐ Bier ☐ Whiskey

☐ Gin ☐ Wein

---

211. **Besucht Konzerte**

eurer Lieblingsmusiker und lernt eure Musikgeschmäcker besser kennen.

(Low-Budget-Version: Stellt eine Playlist eurer Lieblingsmusiker zusammen und genießt ein persönliches Konzert zu Hause.)

☐ Erledigt

212. Probiert gemeinsam Contact Improvisation aus und entdeckt ganz neue Bewegungsmöglichkeiten.

☐ Erledigt

---

213. Euch von einem Varieté faszinieren lassen.

☐ Erledigt

---

214. Besucht eine Zaubershow

und bewundert die Magie der Illusion.
(Alternative: Schwingt selbst den Zauberstab und eignet euch ein paar Tricks an.)

☐ Erledigt

215. Eine Travestie-Show bestaunen.

☐ Erledigt

---

216. Kultur genießen und AN EINER VERNISSAGE TEILNEHMEN.

☐ Erledigt

---

217. Gewinnt viele neue Eindrücke und BESUCHT EINE MESSE.

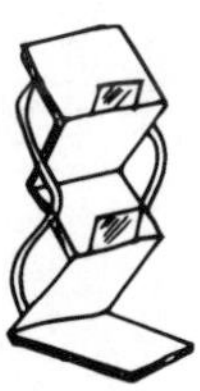

☐ Erledigt

---

218. Für die Leseratten: Geht auf eine Buchlesung und lasst euch eure Ausgabe signieren.

☐ Erledigt

219. EUER EIGENER BUCHCLUB:

Einen Spiegel-Bestseller lesen und euch dazu austauschen.

Welches Buch hat dich bis jetzt am meisten gefesselt?

☐ Erledigt

---

220. Spielt eine Runde

„Duell um die Welt“

à la Joko und Klaas & denkt euch eine kleine Herausforderung für den anderen aus. Auf den Gewinner wartet eine 30-minütige Massage!

☐ Erledigt

221. EIN PÄRCHEN-FOTOSHOOTING ZU HAUSE MACHEN!

Nutzt Accessoires wie z.B. ein Fußballtrikot oder eine Prinzessinnenkrone.

Wo und wie sind deine bislang verrücktesten Fotos entstanden?

☐ Erledigt

---

222. Schaut euch in die Augen und macht ein

Iris Fotoshooting.

☐ Erledigt

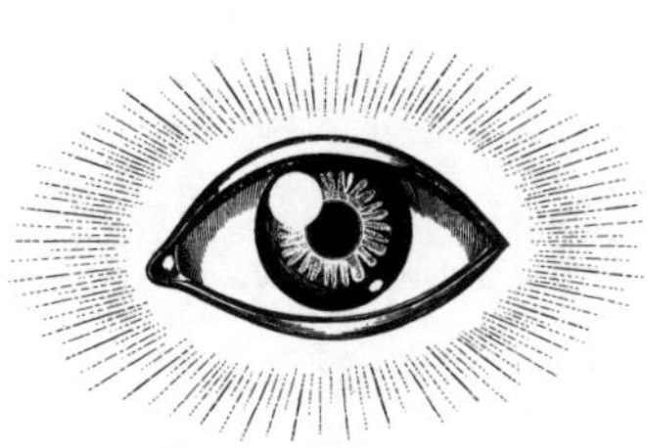

223. Time to get fancy!

Leiht euch für einen besonderen Anlass Designer-Klamotten aus.

☐ Erledigt

---

224. Dessous shoppen

für die nächste romantische Date Night.

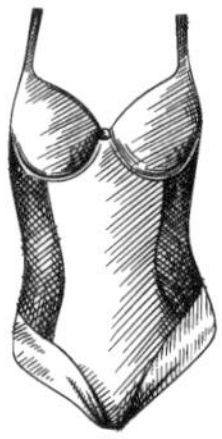

☐ Erledigt

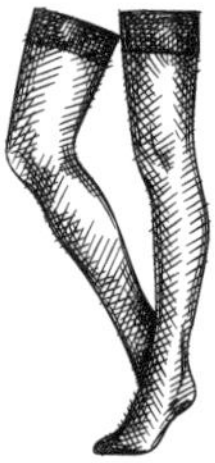

---

225. Macht THRIFT SHOPPING und

besorgt euch ein paar Outfits im Secondhandshop.

☐ Erledigt

226. Füreinander da sein:
Jeweils eine Haushaltsaufgabe,
die der andere nicht mag, übernehmen.

☐ Erledigt

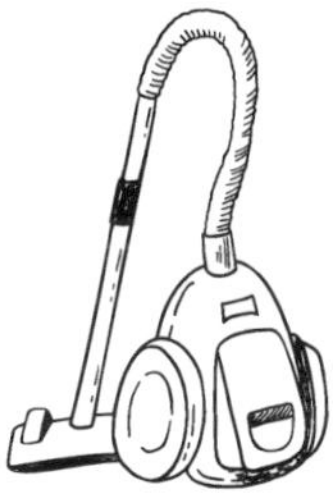

227. ***Bringt den letzten Urlaub zurück:***
Kocht ortstypisch, schaut eure Fotos an und schwelgt in schönen Erinnerungen.

Was war dein Highlight der Reise?

☐ Erledigt

228. Spice it up!

Ein außergewöhnliches Dinner besuchen:

☐ Krimi-Dinner ☐ Musical-Dinner ☐ Grusel-Dinner

---

229. Schaut über den Tellerrand und

BESUCHT EIN EXOTISCHES RESTAURANT!

(Alternative: Kocht selbst ein Gericht, das ihr noch nie gegessen habt.)

☐ Erledigt

---

230. Buon appetito!

Euch an hausgemachter Pasta versuchen.

(Kleiner Tipp: Googelt nach Sepianudeln!)

☐ Erledigt

231. Erweitert euren kulinarischen Horizont bei einem **THEMEN-KOCHKURS** (z.B. auf kochschule.de).

☐ Erledigt

---

232. *Brunch im Bett:*

Verwöhnt euch mit Sekt, Croissants und Früchten.

☐ Erledigt

---

233. **WERDET RESTAURANTKRITIKER**

und bestellt beim schlechtesten Lieferdienst in eurer Umgebung (z.B. auf lieferando.de).

☐ Erledigt

234. Scharfe Herausforderung – probiert die **schärfste Currywurst** in eurer Umgebung.

☐ Erledigt

235. Beim **Café Hopping** die verschiedensten Kuchensorten verdrücken.

☐ Erledigt

---

236. **Authentisch asiatisch:** Lernt, mit Stäbchen zu essen, um beim nächsten Sushiabend professionell dazustehen.

☐ Erledigt

237. An einem **Running Dinner** teilnehmen, um neue Leute und Geschmäcker kennenzulernen.

☐ Erledigt

---

238. Step up your coffee game:

Besucht einen Barista-Kurs

und genießt Lattes und Cappuccinos wie bei Starbucks.

(Alternative: Für den perfekten High Tea zu einem Tee-Seminar gehen.)

☐ Erledigt

239. Selbstexperiment:

Eine Woche lang vegan leben.

Auf welches Nahrungsmittel könntest du am leichtesten verzichten?

Vegan

☐ Erledigt

---

240. Wissen, was drinsteckt –

Inhaltsstoffe des nächsten Kosmetik- oder Lebensmitteleinkaufs überprüfen (z.B. mit der CodeCheck-App).

☐ Erledigt

4 7502888 64001

241. Verratet euch ein Geheimnis,

das sonst niemand über euch weiß.

(Alternative: Beichtet eure schlimmste Jugendsünde und verpflichtet euch zum Stillschweigen.)

☐ Erledigt

242. Erinnerungen festhalten:

Eine Weltkarte aufhängen und vergangene Reiseziele mit Pins markieren.

Auf welchen Kontinenten warst du bereits?

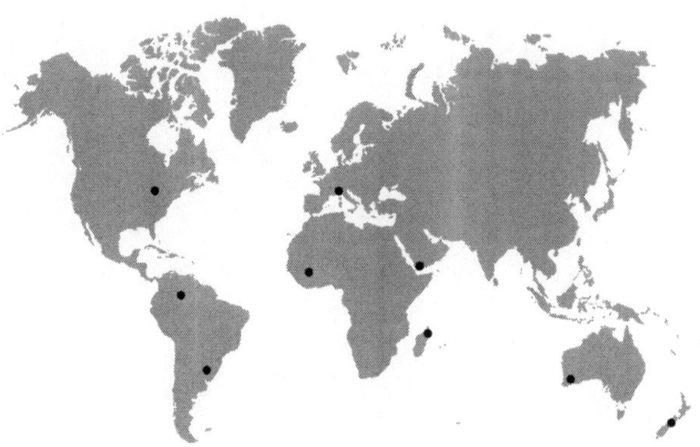

☐ Erledigt

243. **KAUFT EUCH EINE AUSGEFALLENE LAMPE**
und gebt eurem Schlafzimmer einen magischen Touch
(z.B. eine Kristalllampe, Mondlampe oder einen
Sternenhimmel-Projektor).

☐ Erledigt

---

244. Jetzt wird gebaut:

Ein DIY-Projekt umsetzen (z.B. von hornbach.de).

☐ Erledigt

---

245. Genießt den Herbst:
BASTELT EINEN DRACHEN UND LASST IHN STEIGEN!

☐ Erledigt

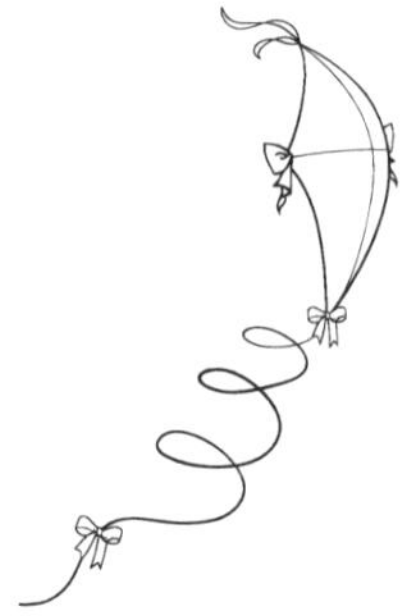

246. Dem Wohnzimmer neuen Flair verleihen
mit einem futuristischen Divoom Pixoo Bilderrahmen.

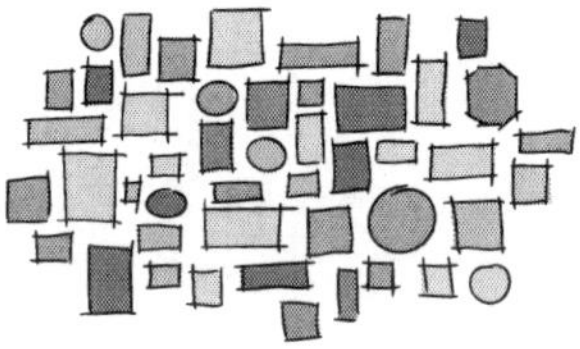

☐ Erledigt

---

247. Aus alt mach neu:

HÜBSCHT EIN ALTES MÖBELSTÜCK AUF!

Welches Möbelstück könnte deiner Meinung nach einen neuen Anstrich vertragen?

☐ Erledigt

248. Jetzt wird's peinlich: **Kindheitsvideos auf Videokassette anschauen.**

(Alternative: Alte Kinderfotos durchstöbern und euch die Geschichten dahinter erzählen.)

☐ Erledigt

---

249. EINEN SIMS-ABEND MACHEN

und euer Traumhaus bauen.

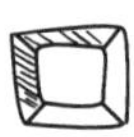

☐ Erledigt

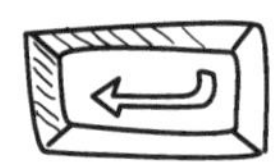

---

250. *Brot und Spiele* –

veranstaltet einen Spieleabend mit einem neuen Brettspiel.

☐ Erledigt

251. Ein Pärchenspiel bestellen, um den nächsten Spieleabend noch spannender zu gestalten (z.B. auf amazon.de).

☐ Erledigt

252. Ladet eure Freunde zu einem **virtuellen Kartenspielabend** mit dem Tabletop Simulator ein.

☐ Erledigt

253. *Zocken bis spät in die Nacht* mit einer Retro-Konsole (z.B. mit dem Nintendo Classic Mini + 30 vorinstallierten Spielen).

Hattest du damals eine Lieblingskonsole?

☐ Erledigt

254. Bietet eure Babysitting-Dienste an,
um Familienluft zu schnuppern.

☐ Erledigt

255. Bewerbt euch bei der Sendung
FRAUENTAUSCH
(oder füllt zum Spaß nur die Bewerbung aus).

☐ Erledigt

---

256. Für die Trivia-Spezialisten:
Bewerbt euch bei einer TV-Quizshow.

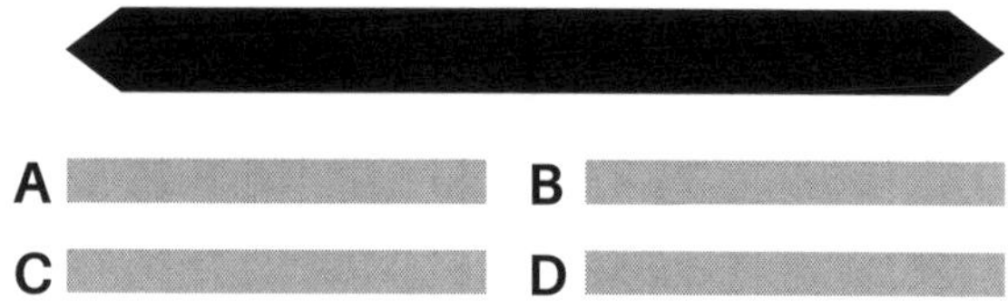

☐ Erledigt

257. Lest euch gegenseitig das *Wochenhoroskop* vor und überlegt, was alles zutraf.

☐ Erledigt

---

258. Lernt euch auch in früheren Leben kennen und macht eine Reinkarnationshypnose.

Glaubst du, schon einmal gelebt zu haben?

☐ Erledigt

---

259. In den Sternen geschrieben – **erstellt ein Sternenbild** vom Tag und Ort eures ersten Treffens (z.B. auf meinfoto.de).

☐ Erledigt

260. Eure eigenen Actionfiguren:

3D-Figuren von euch erstellen lassen.

☐ Erledigt

---

261. **Designt euer eigenes Logo** (z.B. auf canva.com) und bedruckt damit eure neuen Kaffeetassen.

☐ Erledigt

---

262. Bei einer Fundsachenversteigerung teilnehmen und *verlorene Schätze ergattern.*

☐ Erledigt

263. **Kauft euch das neuste Guinness-World-Records-Buch** und versucht, einen Rekord darin zu schlagen.

☐ Erledigt

---

264. Kluge Köpfe:
Das Kreuzworträtsel aus der Zeitung lösen
und euer Glück beim Gewinnspiel versuchen.

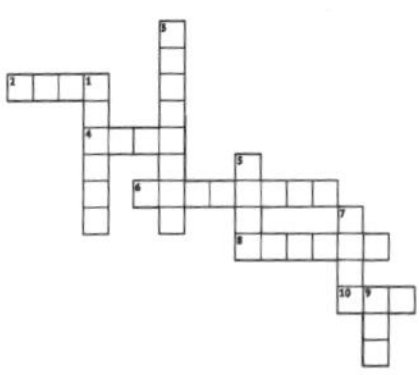

☐ Erledigt

---

265. Über Nacht zum Millionär:
KNACKT DEN EUROJACKPOT
(oder gebt einfach nur einen gemeinsamen Schein ab).

☐ Erledigt

266. Euer zukünftiges Vermögen aufbauen –
IN KRYPTOWÄHRUNG, ETFs ODER AKTIEN INVESTIEREN.

☐ Erledigt

---

267. Film ab! Nutzt die
ZUFALLSWIEDERGABE BEI NETFLIX
für euren nächsten Filmeabend.

Welchen Film könntest du immer wieder schauen?

☐ Erledigt

---

268. Pssst! Euch wie damals in der Schule
krankmelden und zusammen blaumachen.

☐ Erledigt

269. Besucht das berüchtigte

Münchner Oktoberfest

und bestellt euer Lieblingsbier.

(Alternative: Ein regionales Oktoberfest besuchen, das weniger überfüllt ist.)

☐ Erledigt

---

270. Euch in einem **Maislabyrinth** verlaufen und daraus wieder entkommen

(z.B. auf einem Herbstmarkt).

☐ Erledigt

271. Lust auf Gänsehaut?

GEHT ZUSAMMEN INS GRUSELKABINETT.

Wann hast du dich das letzte Mal so richtig gegruselt?

☐ Erledigt

---

272. Eine gruselige Nacht in einem **Geisterhotel** verbringen.

☐ Erledigt

273. Schnitzt Kürbisse für Halloween

und kocht eine köstliche Kürbissuppe
aus dem Fruchtfleisch.

☐ Erledigt

---

274. Verkleidet euch und geht auf eine

schaurige Halloweenparty.

☐ Erledigt

Winter

275. Findet mit einem

Persönlichkeitstest

aus dem Internet heraus, wie ihr tickt

(z.B. mit dem 16personalities-Test).

☐ Erledigt

---

276. Auch als Paar habt ihr eine Persönlichkeit – lernt sie kennen mit einem

ONLINE-PÄRCHENTEST.

☐ Erledigt

---

277. Eure kreativen Energien rauslassen und euer

SCHLAFZIMMER UMDEKORIEREN.

☐ Erledigt

278. **Den Bedürftigen etwas Gutes tun** und ein **Ehrenamt** übernehmen.

Welche Organisation würdest du am liebsten unterstützen?

☐ Erledigt

---

279. Verkauft alten Krimskrams
(z.B. auf ebay-kleinanzeigen.de) und
SPENDET DAS GELD für einen guten Zweck.

☐ Erledigt

280. Die kalten Tage nutzen, um euch **weiterzubilden:** Mit einem spannenden **Online-Kurs** (z.B. auf udemy.com).

☐ Erledigt

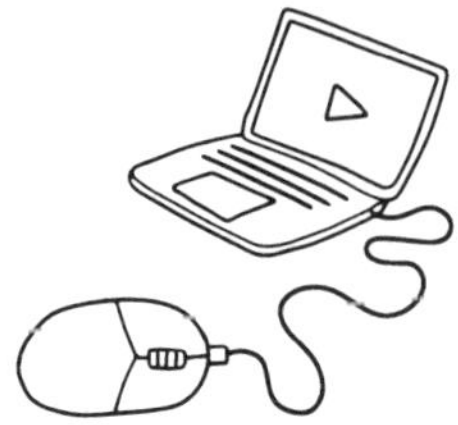

281. Ideen, die inspirieren – schaut euch einen

TED Talk

an.

☐ Erledigt

282. Nie wieder schlechte Manieren:

Macht einen *Knigge-Kurs,*

um stets stilsicher und souverän aufzutreten.

☐ Erledigt

283. Man hat nie ausgelernt! Gemeinsam einen Kurs bei der Volkshochschule belegen.

☐ Erledigt

284. Lasst die Welt an euren **Gesprächen** teilhaben, indem ihr einen **Podcast** startet.

Welches Thema würdest du für einen Podcast wählen?

☐ Erledigt

285. *Eure Liebe* ausdrücken, indem ihr ein *Gedicht* füreinander schreibt.

☐ Erledigt

---

286. **BAUT EURE FOTO-SKILLS AUS** und bringt eure Fotoshootings auf die nächste Ebene.

☐ Erledigt

287. Ladet euch ein

BILDBEARBEITUNGSPROGRAMM

herunter und verpasst euren Urlaubsfotos den letzten Feinschliff (z.B. Adobe Lightroom).

☐ Erledigt

---

288. Und erstellt aus diesen Fotos einen Fotokalender, der die Küchenwand verschönert.

☐ Erledigt

289. Go crazy! Geht in ein

„verrücktes Museum".

☐ Erledigt

---

290. Vom Sofa aus nach Paris: Macht eine

virtuelle Besichtigung durch den „Louvre"

(z.B. auf viator.com).

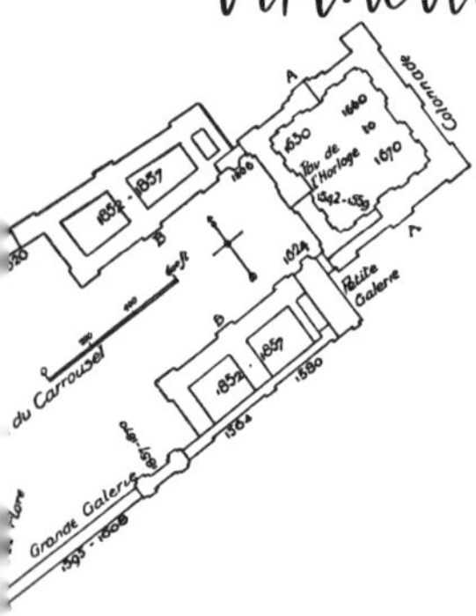

Welches Kunstwerk findest du einzigartig?

☐ Erledigt

---

291. Für Musikliebhaber:
Macht euch schick und besucht die

Oper.

☐ Erledigt

292. Schaut euch ein Musical an

und lasst euch von der Story mitreißen.

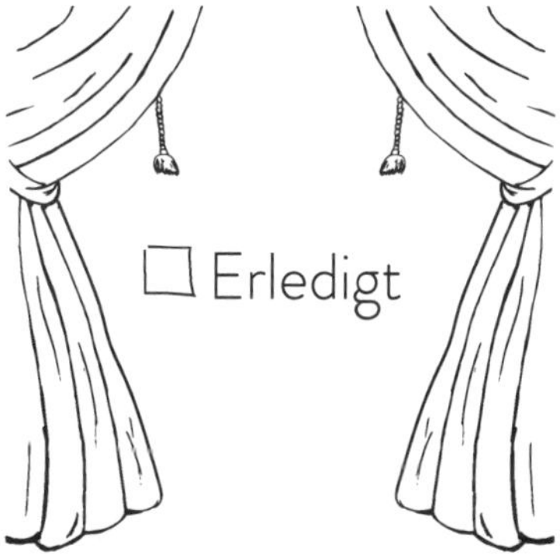

☐ Erledigt

293. Belegt einen Tanzkurs

und schwingt die Hüften
(z.B. Salsa oder Linedance).

☐ Erledigt

294. Genießt eine

Sternenshow im Planetarium.

☐ Erledigt

---

295. Einen exklusiven Blick auf den neusten Film werfen, bei einer Sneak Preview im Kino.

☐ Erledigt

---

296. Besorgt euch Karten für eure **Lieblings-TV-Show** und seid live im Publikum dabei.

Bei welcher Show wärst du gerne live dabei?

☐ Erledigt

297. Trommelt eure Freunde zusammen und

spielt eine Runde Lasertag.

☐ Erledigt

298. Oder bestaunt beim

Schwarzlicht-Minigolf

die Special Effects.

☐ Erledigt

---

299. **Fitness ist angesagt!**

Besucht ein Indoor-Sportcenter und verbindet Fitness mit Spaß.

☐ Erledigt

300. Euch beim *Poetry Slam* vom Poesiefieber packen lassen.

Kannst du noch ein Gedicht aus der Schule auswendig?

☐ Erledigt

301. Let your worries float away: *Im Schwebebad eure Sorgen vergessen.*

(Alternative: Besucht das Stadtbad in eurer Nähe.)

☐ Erledigt

302. Gönnt euch eine PAAR-MASSAGE im Spa.

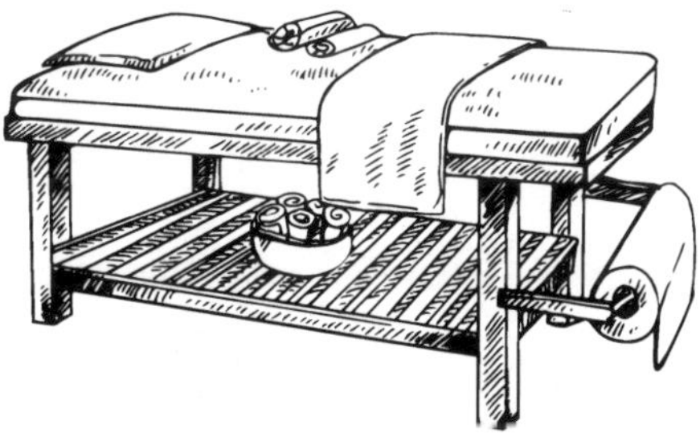

☐ Erledigt

303. Euch mit einem Partnerpaket im Hamam verwöhnen lassen.

☐ Erledigt

304. Gemeinsam einen Beauty Tag zu Hause machen.
Nutzt dafür **GESICHTSMASKEN, PEELINGS** und **VIELE GURKEN!**

☐ Erledigt

305. Lasst die Romantik nicht vergehen:
Einen Tag in der Woche für
ZWEISAMKEIT RESERVIEREN.

☐ Erledigt

---

306. Künstlerisch werden: Ein
MALEN NACH ZAHLEN mit eurem Lieblingsfoto
erstellen lassen und gemeinsam ausmalen.

☐ Erledigt

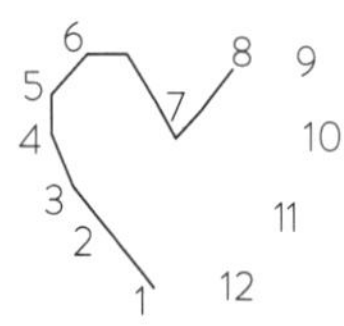

307. Euren Horizont erweitern, indem ihr eine

Fremdsprache lernt.

Mit welcher Sprache wärst du am liebsten zweisprachig aufgewachsen?

☐ Erledigt

---

308. Lernt die Worte

„ICH LIEBE DICH“

in zehn verschiedenen Sprachen.

☐ Erledigt

---

309. Registriert euch bei einer App, mit der ihr Sprachen lernen könnt und

PERFEKTIONIERT EURE ENGLISCH-SKILLS

(z.B. mit der App Babbel).

☐ Erledigt

310. Jetzt wird gezockt: LERNT BEIDE POKERN.
(Aber nicht alles verspielen!)

☐ Erledigt

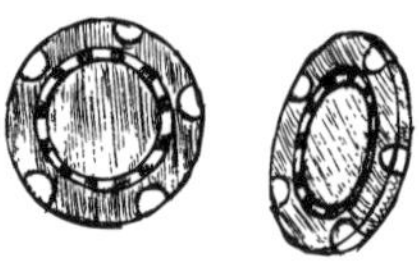

---

311. *Lernt Makramee* und kreiert tolle Wandbehänge im Boho-Style.

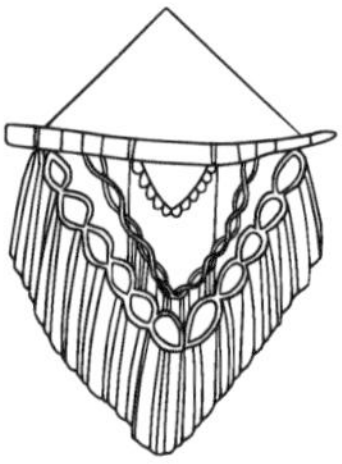

☐ Erledigt

---

312. Zu einer guten Ehe gehört es, auch mal rumzualbern: Spielt euren Freunden Telefonstreiche auf marcophono.com.

☐ Erledigt

313. Fit from home:

EIN WORK-OUT VON YOUTUBE NACHTRAINIEREN.

☐ Erledigt

---

314. Für den großen Hunger:

In einem XXL-Restaurant essen und nichts übrig lassen.

XXL

☐ Erledigt

---

315. Der Zauber Frankreichs –

macht Macarons und träumt von Pariser Cafés.

☐ Erledigt

316. Schmeckt so gut wie Kuchen –

Bananenbrot backen

und gemeinsam verputzen.

☐ Erledigt

---

317. Als extra Challenge:

Sucht euch ein ausgefallenes Backrezept

im Internet raus und backt es nach

(z.B. auf chefkoch.de).

☐ Erledigt

---

318. **Für Schokoladenliebhaber:**

Einen Pralinen- und Schokoladenkurs besuchen und leckere Kreationen zaubern.

☐ Erledigt

319. Die Sinne berauschen lassen bei einem

EROTIC-FOOD-KOCHKURS.

Was meinst du, was dich hier erwartet?

☐ Erledigt

---

320. Werdet selbst zu Chefköchen:

Erstellt ein eigenes Kochbuch mit euren Lieblingsrezepten.

☐ Erledigt

321. *Küchen-Roulette:*

Ein Kochbuch kaufen, zufällig aufschlagen und das Gericht auf der linken Seite zum Abendessen kochen.

☐ Erledigt

---

322. Schafft Zeit füreinander, indem ihr den **Wochenendeinkauf beim Bringdienst bestellt**.

☐ Erledigt

---

323. Romantik auf dem Wohnzimmerboden:

Ein Candle-Light-Picknick veranstalten.

☐ Erledigt

324. Holt euch den Sommer zurück und veranstaltet eine **Winter-Grillparty**.

☐ Erledigt

---

325. # Bestimmt das Outfit

des anderen für euer nächstes Dinner Date.

☐ Erledigt

---

326. Ein Abendessen der besonderen Art:
EIN ZOOM DINNER MIT EUREN FREUNDEN VERANSTALTEN.

☐ Erledigt

327. Lasst eure poetische Seite heraus und **schreibt euch gegenseitig einen Liebesbrief.**

☐ Erledigt

---

328. Bodypainting für Schleckermäuler: **Bemalt euch mit Schokoladenfarben!**

☐ Erledigt

---

329. **Holt euch einen Escape-Room nach Hause** mithilfe einer DIY-Anleitung.

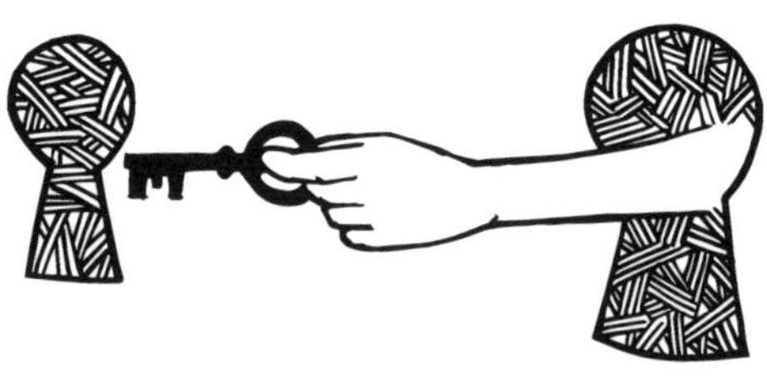

☐ Erledigt

330. Ladet euch eine App für Gesichtsalterung herunter und checkt schon einmal ab, **wie ihr zur goldenen Hochzeit aussehen werdet** (z.B. AgingBooth oder FaceApp).

☐ Erledigt

331. Skee-Ball in der Haushalts-Edition – das beliebte Spiel aus Wäschekörben bauen und spielen.

☐ Erledigt

332. *Es durch die Blume sagen:* Das Schlafzimmer mit Rosenblättern dekorieren und einen gemütlichen Abend verbringen.

☐ Erledigt

333. Füllt einen düsteren Winternachmittag, indem ihr euch an einem

1000-Teile-Puzzle

versucht.

☐ Erledigt

---

334. Eine Wahrsagerin aufsuchen und euch die Zukunft vorhersagen lassen.

Welcher Lebensbereich (Finanzen, Familie, Job) interessiert dich am meisten?

☐ Erledigt

---

335. Was steckt tatsächlich in euch? Informiert euch über euer Human Design.

☐ Erledigt

336. Gemeinsame Träume ... auch nachts!

Lernt, eure Träume zu kontrollieren

bei einem Klartraum-Workshop.

Konntest du schon einmal deinen Traum selbst steuern?

☐ Erledigt

337. Sommerluft schnuppern an einem Wochenende im **Tropical Islands Resort.**

☐ Erledigt

---

338. Winterflucht –

DIE KALTE JAHRESZEIT AM STRAND VERBRINGEN.

☐ Erledigt

339. Mountain Escape:
MIETET EINE ROMANTISCHE SCHNEE-HÜTTE IN DEN BERGEN.

☐ Erledigt

340. Ab die Post! Im Winterurlaub
EINE SCHNEEMOBILFAHRT UNTERNEHMEN.

☐ Erledigt

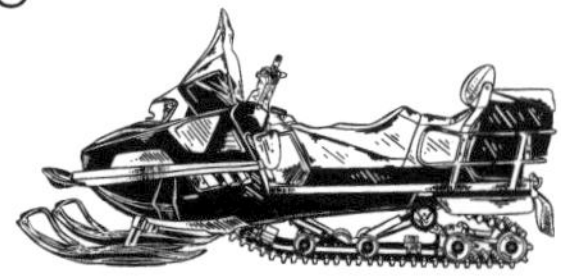

341. Spürt das Nordpol-Feeling bei einer
Übernachtung im Iglu-Hotel.

☐ Erledigt

342. Taucht ein in die Skikultur und lasst es krachen bei einer

Après-ski-party.

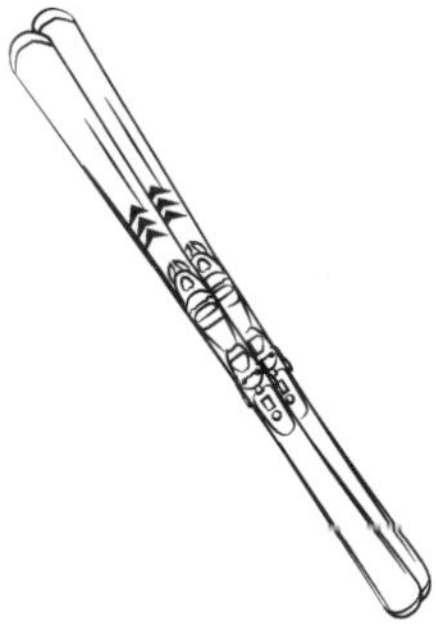

☐ Erledigt

343. In den Norden reisen, um die atemberaubenden *Polarlichter am Himmel* zu bestaunen.

☐ Erledigt

344. WERDET ZU WEIHNACHTSENGELN und erfüllt einem Familienmitglied einen Herzenswunsch.

☐ Erledigt

---

345. **24 Türchen** – füreinander kreative Adventskalender basteln.
(Inspiration: pinterest.de oder google.de)

Welche Art von Adventskalender hast du früher bekommen?

☐ Erledigt

346. **Bastelt selbst euren Adventskranz** mit schönen roten Kerzen und Tannenzweigen.

☐ Erledigt

---

347. Eurer Kreativität beim **BASTELN VON WEIHNACHTSBAUMSCHMUCK** freien Lauf lassen.

Was bringt dich so richtig in Weihnachtsstimmung?

☐ Erledigt

---

348. Dem Weihnachtszauber verfallen und euch ***unter dem Mistelzweig küssen.***

Wo war dein erster Kuss?

☐ Erledigt

349. Packt euch dick ein und unternehmt eine Schneeschuhwanderung durchs Winterwunderland.

☐ Erledigt

350. Kevin allein zu Haus und Co. – einen gemütlichen Filmmarathon mit Weihnachtsfilmen aus eurer Kindheit genießen.

☐ Erledigt

351. Werdet Schnäppchenjäger und staubt beim **Black Friday** tolle Weihnachtsgeschenke ab.

☐ Erledigt

352. Unternehmerisch zur Weihnachtszeit: *Bewerbt euch bei einem Weihnachtsmarktstand* und verkauft winterliche Leckerbissen.

☐ Erledigt

353. *Macht eine Weihnachtsmarkttour* und klappert alle in der Umgebung ab.

Was magst du an einem Weihnachtsmarkt besonders gerne?

☐ Erledigt

354. Den Weihnachtsmarkt von oben bestaunen und euch am höchsten Punkt des **Riesenrads küssen.**

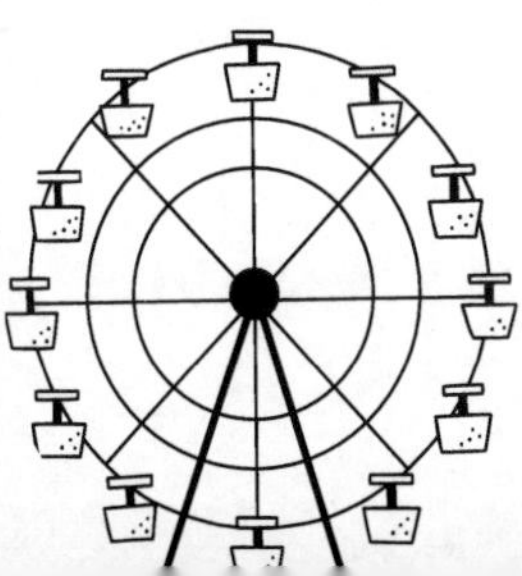

☐ Erledigt

355. It's showtime! **BESUCHT EINEN WEIHNACHTSZIRKUS** oder „Holiday on Ice".

☐ Erledigt

356. Euch beim Ballett „*Der Nussknacker*" in eine andere Welt entführen lassen.

☐ Erledigt

357. So schmecken Wintertage: **Stellt euren eigenen Glühwein her.**

☐ Erledigt

358. Holt euch den Weihnachtsmarkt nach Hause, indem ihr *kandierte Äpfel selbst macht.*

☐ Erledigt

---

359. Knusper, knusper, Couple Time!
BACKT EIN LEBKUCHENHAUS.

☐ Erledigt

---

360. *Family Time!*

Die Familie zum Fondue- oder Racletteabend einladen.

☐ Erledigt

361. Schafft digitale Ordnung!

Räumt eure PCs und Handys auf

und schafft Speicherplatz für das neue Jahr.

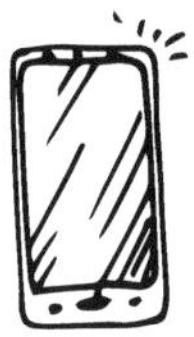

☐ Erledigt

362. Auf und davon! **SILVESTER IN EINEM ANDEREN LAND VERBRINGEN** und die dortigen Neujahrsbräuche kennenlernen.

☐ Erledigt

363. *Ihr beide für die Ewigkeit* –

erstellt eine Zeitkapsel mit Dingen, die euch aneinander erinnern, und öffnet sie in ein paar Jahren wieder!

☐ Erledigt

---

364. **EUER ERSTES EHEJAHR!**

Haltet die Erinnerungen an dieses Abenteuer in einem Scrapbook fest.

Was denkst du, wie dein Leben sich in fünf Jahren verändern wird?

☐ Erledigt

365.

Werdet zusammen alt.

♡

☐ Erledigt

Wir beim Erledigen unseres liebsten Bucket-List-Punktes

Ideen eurer Hochzeitsgäste

Unsere Idee ☐ Erledigt

Unsere Idee ☐ Erledigt

Unsere Idee ☐ Erledigt

Unsere Idee ☐ Erledigt

Unsere Idee ☐ Erledigt

Thank you

Unsere Idee ☐ Erledigt

Unsere Idee ☐ Erledigt

Unsere Idee ☐ Erledigt

Unsere Idee ☐ Erledigt

Unsere Idee ☐ Erledigt

Unsere Idee ☐ Erledigt

Unsere Idee ☐ Erledigt

Unsere Idee ☐ Erledigt

Unsere Idee ☐ Erledigt

Unsere Idee ☐ Erledigt

Unsere Idee ☐ Erledigt

Unsere Idee ☐ Erledigt

Unsere Idee ☐ Erledigt

Unsere Idee ☐ Erledigt

Unsere Idee ☐ Erledigt

Ideen für die eigene Bucket List

Unsere Idee ☐ Erledigt

Unsere Idee ☐ Erledigt

Unsere Idee ☐ Erledigt

Unsere Idee ☐ Erledigt

Unsere Idee ☐ Erledigt

Unsere Idee ☐ Erledigt

Unsere Idee ☐ Erledigt

Unsere Idee ☐ Erledigt

Unsere Idee ☐ Erledigt

Unsere Idee ☐ Erledigt

Unsere Idee ☐ Erledigt

Unsere Idee ☐ Erledigt

Unsere Idee ☐ Erledigt

Unsere Idee ☐ Erledigt

Unsere Idee ☐ Erledigt

Unsere Idee ☐ Erledigt

Unsere Idee ☐ Erledigt

Unsere Idee ☐ Erledigt

Unsere Idee ☐ Erledigt

Unsere Idee ☐ Erledigt

Zeit zu reflektieren

Welche Bucket-List-Punkte haben euch am meisten Freude bereitet?

Welcher Bucket-List-Punkt hat euch am meisten gefordert?

Bei welchem Bucket-List-Punkt konntet ihr euren Partner von einer völlig neuen Seite kennenlernen?

Was habt ihr voneinander gelernt?

Was hat sich in eurer Beziehung zum Positiven verändert?

Eine kleine Bitte an euch

Liebes frischgebackenes Ehepaar,

ich hoffe, ihr hattet sehr viel Spaß mit meiner Bucket List!

Buchrezensionen sind für mein Bestehen auf Amazon und für das Erstellen weiterer Bücher von großer Bedeutung. Daher würde ich mich sehr freuen, wenn ihr mir Feedback in Form einer Rezension geben würdet. Scannt dafür einfach den folgenden QR-Code mit eurem Smartphone. Dieser leitet euch direkt zu Amazon weiter, wo ihr die Bewertung abgeben könnt. Als Alternative könnt ihr natürlich auch unter „Meine Bestellungen" bei eurem Amazon-Account mein Buch bewerten.

Gerne könnt ihr mir auch bei Fragen, Kritik oder Anregungen unter folgender E-Mail-Adresse schreiben: info.renning-verlag@web.de.

Eure *Leonie*

Vielen Dank!

SCAN ME!

Glossar

Acroyoga

Akrobatisches Partneryoga.

ArtNight

ArtNight ist eine Eventreihe, welche in verschiedenen Städten Deutschlands stattfindet. Hierbei wird in einer Gruppe unter Anleitung ein Kunstwerk gemalt.

Babbel

Eine kostenpflichtige App, mit der man verschiedene Sprachen lernen kann.

Barista-Kurs

Ein Kurs, bei welchem man Kenntnisse rund um das Thema Kaffee erlangt, beispielsweise zu verschiedenen Kaffeesorten, der Kaffeeröstung, der Bedienung und Wartung der Espressomaschinen oder dem Aufschäumen von Milch.

Batiken

Textilfärbeverfahren, welches aus Indonesien stammt. Hierbei wird Wachs genutzt, um Teile des Stoffs beim Färben auszusparen, wodurch schöne Muster und Verzierungen entstehen.

Berghain

Einer der bekanntesten Techno-Clubs in Berlin.

Birdwatching-Tour

Das Beobachten von Vögeln auch deutschland- bzw. weltweit. In der Regel wird hierfür auch ein Fernglas benutzt.

Biwak- & Trekkingplatz

Ein Biwak- & Trekkingplatz beschreibt die Alternative zum Wildcampen, denn dabei handelt es sich um Orte, welche mitten in der Wildnis liegen und zur Übernachtung freigegeben worden sind.

Black Friday

An diesem Tag lockt der Einzelhandel mit vielen Rabatten den Kunden zum Kauf.

Blind Booking

Blind Booking, auf Deutsch „blindes Buchen", meint das Buchen von Flügen und/ oder Hotels, wobei der Kunde erst nach Ende der Buchung weiß, wohin es geht.

Blobbing

Eine Wasseraktivität, bei der ein Teilnehmer von einer Plattform auf einen aufgeblasenen Airbag, auf dem am anderen Ende ein anderer Teilnehmer sitzt, springt, sodass der andere Teilnehmer ins Wasser geschleudert wird.

Bodyflying

Bodyflying, auch unter der Bezeichnung „Indoor Skydiving" bekannt, ist eine Sportart, bei der die Teilnehmer durch künstlich erzeugte Windgeschwindigkeiten zum Schweben gebracht werden.

Boho-Style

Boho-Style ist die Abkürzung von „Bohemian Style". Es meint einen hellen/beigen Einrichtungsstil aus Holz und Rattan.

Breathwork

Eine Atemtechnik, die dabei helfen soll, Stress abzubauen, Blockaden zu lösen und den Anwender wieder in Balance zu bringen.

Bubble-Hotel

Eine außergewöhnliche Übernachtungsmöglichkeit, bei der man in einer Art Seifenblase schläft und meist einen freien Blick zum Horizont hat.

Café Hopping

Das Besuchen mehrerer bzw. unterschiedlicher Cafés nacheinander.

Canyoning

Das Begehen einer Schlucht von oben nach unten in unterschiedlichen Varianten.

CodeCheck-App

Eine App, mit welcher man sämtliche Einkäufe mithilfe des Strichcodes auf ihre Inhaltsstoffe überprüfen kann.

Contact Improvisation

Ein zeitgenössischer Tanzstil, bei welchem Personen sich miteinander ohne Ziel und Planung bewegen.

Couchsurfer

Couchsurfer bezeichnet eine Person, welche auf der Couch einer fremden Person schläft. Dieses gastfreundschaftliche Netzwerk nutzen Menschen, um einer anderen Person eine kostenlose Unterkunft auf Reisen anzubieten und somit gleichzeitig Menschen aus aller Welt kennenzulernen.

Dankbarkeitstagebuch

Ein Buch, in welchem man in der Regel morgens oder abends aufschreibt, wofür man dankbar ist.

Detox-Kur

Eine Entschlackung bzw. Entgiftung des Körpers, bei der Giftstoffe und schädliche Stoffwechselprodukte aus diesem ausgeschieden werden.

Dinner in the Dark

Ein Dunkelrestaurant, in welchem die Gäste in absoluter Dunkelheit meist ein Drei-Gänge-Menü zu sich nehmen.

Dinner in the Sky

Dinner in the Sky ist ein in Belgien ansässiger Restaurantservice, welcher auch bereits auf Deutschlandtour war. Hierbei werden die Gäste mithilfe eines Krans mit dem Tisch und den Kellnern in 50 m Höhe gehoben und speisen dadurch so, als wären sie über den Wolken.

Divoom Pixoo

Ein digitaler Pixel-Bilderrahmen, welcher mit eigenen Motiven in Pixel-Optik gestaltbar ist.

DIY („Do it yourself.")

DIY, auf Deutsch „Mach es selbst.", steht dafür, Dinge wie z.B. Möbel, Kleidungsstücke etc. selbst herzustellen, um somit nichts von der Industrie hergestelltes neu zu kaufen und gleichzeitig etwas Eigenes zu erschaffen.

Draisine

Ein meist vierrädriges Fahrzeug, welches mit Muskel- oder mit Motorantrieb betrieben wird.

Duell um die Welt à la Joko & Klaas

Joko und Klaas sind deutschsprachige Moderatoren, die eine eigene TV-Spielshow „Joko und Klaas" im deutschen Fernsehen besitzen. Bei dem Format „Duell um die Welt" treten die beiden gegeneinander an.

EMS

EMS ist die Kurzform für „Elektro-Muskel-Stimulation". Bei dieser Methode wird der menschliche Körper durch extern angelegte elektrische Felder gereizt, um Verspannungen zu lösen und schneller Muskeln aufzubauen.

Escape-Room

Ein Escape Room ist ein realitätsgetreuer, nachgebauter Raum, den sich Spieler mieten können und in dem sie in einer vorgegebenen Zeit Aufgaben lösen müssen. Diese Art von Spiel hat sich in den letzten Jahren auch in Deutschland verbreitet.

E-Scooter

Ein einspuriges Fahrzeug, welches durch einen Elektromotor angetrieben wird.

ETFs

ETF ist die Abkürzung des englischen Begriffs „Exchange Traded Fund". Es meint einen börsengehandelten Fonds. Dieser bildet eins zu eins die Wertentwicklung bekannter Marktindizes ab.

EXPAT

Eine Fach- oder Führungskraft, welche vorübergehend an eine ausländische Zweigstelle entsandt wird.

Fancy

Deutsche Übersetzung aus dem Englischen: „schick".

Fermentieren

Umwandlung organischer Stoffe durch Bakterien, Pilze oder Enzyme in Säure, Gase oder Alkohol, um somit Lebensmittel länger haltbar zu machen.

Freilichtmuseum

Ein Museum im Freien, bei welchem Baudenkmäler am Originalstandort der Öffentlichkeit frei zugänglich gemacht werden.

Fotowalk

Fotowalk, auf Deutsch „Fotospaziergang", meint einen Spaziergang, welcher den Zweck verfolgt, Fotos zu machen. Hierbei trifft man sich oft mit Gleichgesinnten, tauscht sich aus oder knüpft neue Kontakte.

Geocaching

Ein Spiel, bei dem Behälter im Freien versteckt und mithilfe von GPS gesucht werden.

Glamping

Glamping ist ein Wortspiel, das für „Glamorous Camping“, einen Trend der Reisebranche seit Beginn des 21. Jahrhunderts, steht. Hierbei campen Reisende auf eine luxuriöse Art, bei der sie auf keinen Komfort während des Campens verzichten müssen.

Gokart

Ein Fahrzeug, welches mit einem Elektro- oder Verbrennungsmotor betrieben wird.

Guinness World Records

Ein Buch, welches seit 1955 jährlich erscheint und alle Rekorde der Welt dokumentiert.

Gyoza

Japanische Teigtaschen.

Hamam

Hamam ist ein türkisches Dampfbad. Diese Badezeremonie bzw. Anwendung ist auch in Deutschland sehr verbreitet und wird in vielen Spas angeboten.

HelloFresh

HelloFresh ist ein deutsches Unternehmen, welches sich zur Aufgabe gemacht hat, von den Verbrauchern bestellte Kochboxen direkt an ihre Haustür zu liefern. In den Kochboxen befinden sich die benötigten Zutaten mitsamt Rezept zum Kochen.

Hidden Gems

Hidden Gems, auf Deutsch „versteckte Juwelen“, sind versteckte Orte, die noch nicht populär sind, sodass man dort meist allein ist.

Holi Festival

Bei dem Holi Festival, auf Deutsch „Fest der Farben“, handelt es sich um ein indisches Frühlingsfest, das am ersten Vollmondtag des Monats Phalgun (Februar/März) zelebriert wird. Das Holi Festival hat sich auch über die letzten Jahre in Deutschland verbreitet, wo feiernde Menschen sich mit Farbpulver einreiben und mit Tanz und Musik gemeinsam feiern.

Holiday on Ice

Eine bekannte Eiskunstlauf-Show.

Hotrod

Oldtimer, welche in den 1920er bis 1940er Jahren gebaut wurden.

House Running

Beim House Running laufen die Teilnehmer mit dem Gesicht nach unten gerichtet senkrecht Hauswände hinunter. Hierfür sind sie mit einem Spezialgurt angeseilt.

Hundesitting

Das Aufpassen auf einen Hund gegen Bezahlung.

Human Design

Human Design ist ein System, welches uns Menschen in vier Typen einteilt, die alle eine einzigartige Codierung besitzen. Im Human Design versteht man, dass jeder Mensch eine individuelle Persönlichkeit trägt. Mit diesem System findet man Stück für Stück zu sich selbst.

Imkern

Die Haltung, Vermehrung und Züchtung von Bienen, aber auch die Produktion von Honig und weiteren Bienenprodukten.

Influencer

Personen des öffentlichen Lebens, die durch soziale Netzwerke ihr Leben mit der Allgemeinheit teilen.

Iris Fotoshooting

Fotoshooting, bei dem man die Iris vom menschlichen Auge fotografiert.

japanische Teezeremonie

Ein Teeritual, bei welchem die Gäste von dem Gastgeber Tee, in der Regel Matcha, gereicht bekommen.

Kakaozeremonie

Ein schamanisches Ritual, bei welchem das Trinken von Kakao für mehr Harmonie, Balance und Gelassenheit zelebriert wird.

Kajak

Ein Paddelboot, auf welchem die Personen in Fahrtrichtung sitzen und mit einem Doppelpaddel vorwärtskommen.

Knigge-Kurs

Ein Kurs, der Benimmregeln vermitteln soll.

Kryptowährung

Ein digitaler Vermögenswert.

Lieferando.de

Lieferando.de ist eine Internetseite, über die man aus über 11.000 Lieferdiensten deutschlandweit sein Essen bequem nachhause bestellen kann. Nach der Standortaktualisierung werden einem all die Lieferdienste in seiner Umgebung angezeigt und man kann so problemlos über die App oder Internetseite sein Essen bestellen.

Lightroom

Ein Programm von Adobe, welches zur Bildverwaltung und -bearbeitung dient.

Lost Place

Deutsche Übersetzung aus dem Englischen: „vergessener Ort". Dieser kann z.B. ein verlassenes Gebäude, ein Geisterdorf oder ein ehemaliger Freizeitpark sein.

Low-Budget

Deutsche Übersetzung aus dem Englischen: „niedriges Budget".

Macarons

Ein französisches Gebäck aus Mandelmehl.

Marie Kondo

Eine japanische Beraterin, welche eine Falttechnik von Kleidung entwickelt hat, um diese platzsparend zu sortieren.

Marcophono

Marcophono ist eine deutschsprachige Internetseite, auf der man eine Telefonnummer wählen kann, die sich dann mit der Zielperson verbindet. Dabei gibt es Sätze, die angeklickt werden können und dann durch die Internetseite vorgespielt werden. Der Anrufende selbst ist nicht zu hören, sondern nur die vorgespielten Sätze.

Matching Outfit

Deutsche Übersetzung aus dem Englischen: „passendes Outfit".

Makramee

Eine Knüpftechnik zur Herstellung von Ornamenten, Mustern, Textilien oder Schmuck.

Mikroabenteuer

Outdoor-Erlebnisse, die jeder im Alltag und in seiner Umgebung erleben kann, ohne hierfür viel Zeit oder weite Strecken zurücklegen zu müssen.

Monats-Challenge

Eine Herausforderung, die einen Monat lang täglich absolviert wird.

Mystery Box

Eine Mystery Box ist ein geheimnisvolles Päckchen zu unterschiedlichen Interessen, das man sich nach Hause bestellen kann. Hierfür zahlt man einen bestimmten Preis und bekommt dafür eine Überraschung.

Netflix

Einer der bekanntesten, kostenpflichtigen Streaming-Dienste, auf welchem sich die Nutzer Filme und Serien anschauen können.

Open-Air-Konzert

Ein im Freien stattfindendes Konzert.

Origami

Die Kunst des Papierfaltens, welche ursprünglich aus Japan stammt.

Paragliding

Das Hinunterfliegen von Berghängen mithilfe eines Gleitschirms.

Pilates

Ein Ganzkörpertraining, welches zur Kräftigung der Muskulatur dient.

Podcast

Ein Podcast ist eine Aufnahme/Audiodatei im MP3-Format, welche im Internet zum Herunterladen angeboten wird. Dieses Medium nutzen Menschen, die somit andere Menschen in unterschiedlichen Themenfeldern informieren möchten.

Poetry Slam

Ein Dichterwettbewerb, bei dem die Teilnehmer selbstgeschriebene Texte in einer festgelegten kurzen Zeitspanne auf der Bühne vortragen und somit gegen die anderen Teilnehmer antreten.

Poke Bowl

Poke Bowl ist ein hawaiianisches Nationalgericht. Dabei handelt es sich um Fischsalat.

Pub Crawl

Deutsche Übersetzung aus dem Englischen: „Kneipentour".

Quad

Ein Quad ist ein Fahrzeug mit vier Rädern, welches häufig aus dicken Ballonreifen besteht. Auf diesem Fahrzeug finden bis zu 3 Personen Platz.

Quality Time

Quality Time, auf Deutsch „intensiv genutzte Zeit", meint die Zeit, in der man seine volle Aufmerksamkeit bewusst nahestehenden Mitmenschen widmet.

Rafting

Rafting, auch Wildwasserbootfahren genannt, ist eine Wassersportart, für die ein Schlauchboot genutzt wird, um einen Fluss zu befahren.

Reinkarnationshypnose

Eine Methode, mit der man erfahren kann, ob man zu früheren Zeiten bereits gelebt hat.

Retreat

Eine spirituelle Veranstaltung, welche häufig mit mehreren Teilnehmern stattfindet und durch den bewussten Rückzug aus dem Alltag gekennzeichnet ist. Ein Retreat kann ein paar Tage oder auch mehrere Wochen dauern.

Rikscha

Ein zweirädriger Wagen, welcher zur Personenbeförderung von einem Menschen gefahren wird.

Rooftop Bar

Deutsche Übersetzung aus dem Englischen: „Bar auf dem Dach".

Running Dinner

Ein Veranstaltungsessen, bei welchem man sich mit fremden Menschen trifft und jeder einen unterschiedlichen Gang herrichtet.

Schienenkreuzfahrt

Eine Zugfahrt, bei welcher der Zug an Schienen gebundenen ist.

Scrapbook

Ein Bastelhobby, bei welchem Fotos in ein sogenanntes Scrapbook eingeklebt werden, wobei im Gegensatz zu einem normalen Fotoalbum hier viel Wert auf die Gestaltung des Buches mithilfe von Aufklebern und Verzierungen gelegt wird.

Scuba Diving

Das Tauchen mit einem Drucklufttauchgerät (Scuba).

Segway

Ein Fahrzeug für eine Person, welches elektrisch angetrieben wird, damit die Person darauf stehen kann.

Selfie

Selbstporträt von einer oder mehreren Personen, welches meist spontan aufgenommen wird.

Semi-permanentes Tattoo

Eine Art Klebetattoo, welches für ca. 2 Wochen hält und von einem echten Tattoo kaum zu unterscheiden ist.

Sims

Sims ist ein bekanntes Computerspiel, bei dem Spielfiguren namens Sims durch den Spieler gesteuert werden. Dieser kreiert nicht nur das Aussehen und die Wohnungsumgebung der Figuren, sondern nimmt auch auf ihr Schicksal Einfluss.

Skydiving

Fallschirmspringen.

Slacklining

Eine Sportart, für die ein spezielles Seil angefertigt wird, das zwischen zwei Befestigungspunkten, meist Bäumen, gespannt wird und über das die Person dann balanciert.

Slow Motion

Eine Zeitlupenaufnahme, mit der Bewegungsabläufe verlangsamt dargestellt werden.

Sneak Preview

Bei einer Sneak Preview können Besucher noch vor dem offiziellen Erscheinungsdatum einen Kinofilm ansehen.

Social Media Detox

Eine digitale Auszeit, bei der die Person bewusst für einen gewissen Zeitraum auf soziale Netzwerke verzichtet.

Sommerrodeln

Das Rodeln mit einem Schlitten zum Tal auf einer langen Rutschbahn, die zur Fortbewegung keinen Schnee benötigt, weshalb sie auch Sommerrodelbahn genannt wird.

Spotify

Ein bekannter Audio-Streaming-Dienst.

Stichheiler

Ein Gerät zur Sofortbehandlung, welches den Schmerz und Juckreiz von Insektenstichen mit einem kurzen thermischen Reiz lindert.

Streetfood-Festival

Ein Markt, auf dem Speisen und Getränke zum Verzehr von einem Imbisswagen oder einer Garküche auf einer öffentlichen Fläche angeboten werden.

Survivaltraining

Deutsche Übersetzung aus dem Englischen: „Überlebenstraining".

SUP

SUP ist die Kurzform für „Stand-Up-Paddling", was auf Deutsch „Stehpaddeln" bedeutet. Hierbei bewegt sich ein Sportler auf dem Wasser, indem er auf einem Board steht und zur Fortbewegung ein Stechpaddel nutzt.

SUP-Board

Das Board, mit welchem man Stand-Up-Paddling betreibt.

Tabletop Simulator

Ein Computerspiel, bei dem die Spieler verschiedene Brett- und Kartenspiele in einer Computersimulation spielen können.

Tandem

Ein Fahrrad, auf welchem zwei Personen hintereinander sitzen.

TED Talk

Vorträge zu den unterschiedlichsten Themen, die als Videos kostenlos auf der Internetseite *www.ted.com* den Nutzern zur Verfügung gestellt werden.

TikTok

Eine bekannte App für die Lippensynchronisation von Musikvideos.

Tiny House

Tiny House, auf Deutsch „winziges Haus", meint ein kleines Haus, in dem man auf viel Komfort verzichtet und sich nur auf das Nötigste beschränkt.

Travestie-Show

Eine Bühnenaufführung, bei welcher Personen die Rolle des anderen Geschlechts darstellen.

Thrift Shopping

Thrift Shopping oder auch Secondhand Shopping beschreibt das Einkaufen aus zweiter Hand.

Twister

Twister, auch bekannt als Verrenkungsspiel, ist ein Gesellschaftsspiel, welches aus einer Drehscheibe und einer Plastikfolie mit großen bunten Punkten besteht.

Udemy.com

Eine Online-Lernplattform, auf der sich die Nutzer zu verschiedensten Themen kostenpflichtige Videos, meist auch Online-Kurse, anschauen können.

Ups & Downs

Deutsche Übersetzung aus dem Englischen: „Höhen und Tiefen".

Varieté

Eine Bühnenaufführung, bei der die Darsteller auf der Bühne mit einem bunten, wechselnden und unterhaltenden Programm artistische, tänzerische, akrobatische und musikalische Vorstellungen aufführen.

Vernissage

Die Eröffnung einer Ausstellung von Werken noch lebender Künstler.

Virtual-Reality-Erlebnis

Das Erlebnis beim Eintauchen des Nutzers in die mithilfe von spezieller Soft- und Hardware erzeugte digitale/virtuelle Welt durch das Tragen einer sogenannten VR-Brille.

Visionboard

Eine selbst gestaltete Collage aus Bildern und/oder Worten, welche die Wünsche, Träume und Ziele einer Person darstellt und somit als Inspiration oder Motivation für das Erreichen dieser dienen soll.

Volontariat

Der freiwillige Einsatz in einer Institution oder Organisation, der zeitlich beschränkt ist.

Waxing

Wachsmethode zur Beseitigung von Körperhaaren.

Whale Watching oder Dolphin Watching

Deutsche Übersetzung aus dem Englischen: „Wal- oder Delfinbeobachtung".

Wildkräuterwanderung

Wanderung, in der man gemeinsam mit anderen Teilnehmern nach Wildkräutern, also nach krautigen Pflanzen, die nicht durch Züchtung verändert wurden, sucht und diese sammelt.

Wingly.io

Eine Mitflugzentrale, bei der die Teilnehmer Flüge bei Privatpiloten buchen können.

Wwoofing

WWOOF steht für „World-Wide Opportunities on Organic Farms", ein weltweites Netzwerk. Hierbei können naturverbundene Reisende, um insbesondere Bauern und Landwirte zu unterstützen, ihre körperliche Arbeitsleistung gegen einen kostenlosen Schlafplatz eintauschen.

Zeitkapsel

Eine Zeitkapsel ist ein Behältnis, in dem Gegenstände aufbewahrt werden. Sie wird erst nach einer bestimmten Zeit entweder von denselben Personen, die diese Gegenstände in die Zeitkapsel hineingelegt haben, oder von nachfolgenden Generationen geöffnet. Der Sinn dahinter ist, zeittypische Dinge wie Dokumente, Zeitungen etc. zu hinterlassen.

Ziplining

Das Überqueren von Schluchten und Flüssen über eine Seilverbindung.

Zoom Dinner

Zoom Dinner ist ein Dinner, bei dem die Personen jeweils örtlich getrennt voneinander zuhause speisen. Um sich nicht im realen Leben zu treffen, nutzen sie die Internetplattform *zoom.us* und können sich so gegenseitig beim Essen per Webcam sehen.

Impressum

vertreten durch
Maik Haferkamp
Marienburger Straße 11
10405 Berlin

Erste Auflage 2021

Bibliografische Information der Deutschen Nationalbibliothek

Die Deutsche Nationalbibliothek verzeichnet diese Publikation in der Deutschen Nationalbibliografie; detaillierte bibliografische Daten sind im Internet über http://dnb.dnb.de abrufbar.

Verantwortlich für den Druck: Amazon Distribution GmbH, Leipzig

Für Fragen und Anregungen: info.renning-verlag@web.de

Covergestaltung: Wolkenart - Marie-Katharina Becker, www. wolkenart.com
Buchsatz und Layout: Lara Nelles (schere.style.papier), München
Lektorat: Tina Müller
Korrektorat: Sophie Ruhnke

Bildnachweis: stock.adobe.com, S.9, 167 Icons von freepik.com,
S. 100 starline / freepik.com, S. 95 SilviaNatalia / freepik.com

ISBN: 978-3-9823721-0-5

Printed in Poland
by Amazon Fulfillment
Poland Sp. z o.o., Wrocław

26702267R00110